银龄时代——中国老龄社会研究系列丛书

杜 鹏 主编

残疾人养老问题研究

以北京市为例

褚湜婧 / 著

图书在版编目(CIP)数据

残疾人养老问题研究 : 以北京市为例 / 褚湜婧著
. -- 北京 : 中国人口出版社, 2019.12
(银龄时代 : 中国老龄社会研究系列丛书 / 杜鹏主编)
国家出版基金项目
ISBN 978-7-5101-6859-8

Ⅰ. ①残… Ⅱ. ①褚… Ⅲ. ①残疾人-养老-社会服务-研究-北京 Ⅳ. ①D669.6

中国版本图书馆 CIP 数据核字(2019)第 269888 号

残疾人养老问题研究——以北京市为例
CANJIREN YANGLAO WENTI YANJIU——YI BEIJINGSHI WEILI
褚湜婧 著

责任编辑 何 军 赵沐霖
装帧设计 刘海刚
责任印制 林 鑫 单爱军
出版发行 中国人口出版社
印　　刷 北京柏力行彩印有限公司
开　　本 787 毫米×1092 毫米 1/16
印　　张 10
字　　数 150 千字
版　　次 2019 年 12 月第 1 版
印　　次 2021 年 1 月第 2 次印刷
书　　号 ISBN 978-7-5101-6859-8
定　　价 68.00 元

网　　址 www.rkcbs.com.cn
电子信箱 rkcbs@126.com
总编室电话 (010)83519392
发行部电话 (010)83510481
传　　真 (010)83538190
地　　址 北京市西城区广安门南街 80 号中加大厦
邮政编码 100054

目　　录

第1章　绪　论 …… 1

1.1　为什么研究残疾人养老问题 …… 1

1.2　为什么选择北京市 …… 2

1.3　如何界定残疾人 …… 2

1.4　使用什么数据和方法 …… 3

1.4.1　数据来源 …… 3

1.4.2　研究方法 …… 5

第2章　已有研究与评述 …… 6

2.1　有关残疾人养老的传统思想与实践 …… 6

2.1.1　残疾人养老的传统思想 …… 6

2.1.2　残疾人的养老形式 …… 8

2.2　有关残疾人养老问题的现实性研究 …… 11

2.2.1　残疾人的养老状况 …… 11

2.2.2　残疾人的养老方式 …… 15

2.2.3　残疾人养老的对策 …… 18

2.3　研究评价与分析 …… 20

2.3.1 关于残疾人养老 …… 20
2.3.2 残疾人群养老与一般人群养老的关系 …… 21
2.3.3 残疾人养老服务与助残服务的关系 …… 21
2.3.4 几种养老方式的关系 …… 22
2.3.5 本研究的主要内容 …… 23
第3章 相关理论及应用 …… 25
3.1 相关理论成果 …… 25
3.1.1 养老的文化理论 …… 25
3.1.2 养老的需求理论 …… 26
3.1.3 养老方式的选择理论 …… 28
3.1.4 养老的支持理论 …… 32
3.1.5 养老的政策构建理论 …… 34
3.2 本研究的理论应用 …… 35
第4章 残疾人养老的需求 …… 37
4.1 残疾人养老的年龄起点 …… 37
4.1.1 有关老化年龄的思考 …… 37
4.1.2 对残疾人养老年龄起点的认知 …… 39
4.2 残疾人的养老服务需求 …… 41
4.2.1 服务模式需求 …… 41
4.2.2 服务内容需求 …… 43
4.2.3 残疾人养老服务需求的主要特征 …… 45
4.3 残疾人养老的心理诉求 …… 46
4.3.1 残疾人的养老目标 …… 46
4.3.2 残疾人的其他标识性诉求 …… 49
第5章 残疾人的养老方式 …… 53
5.1 残疾人养老方式的选择 …… 53

5.1.1　主要养老场所的选择 …… 54
5.1.2　照料资源的选择 …… 57
5.1.3　经济支持的选择 …… 62
5.2　养老方式选择的心理表现 …… 64
5.2.1　未雨绸缪型 …… 64
5.2.2　随遇而安型 …… 64
5.2.3　紧张焦虑型 …… 65
5.2.4　消极回避型 …… 65
5.3　残疾人养老方式选择的主要特征 …… 66
5.3.1　养老场所选择上的家庭亲近 …… 66
5.3.2　照料资源选择上的差序格局 …… 66
5.3.3　经济支持选择上的外拓形式 …… 67
5.3.4　精神支持选择上的隐形内化 …… 67
5.3.5　养老方式选择上的理性分析 …… 67
5.4　残疾人养老方式选择的作用因素 …… 67
5.4.1　个体因素 …… 70
5.4.2　经济因素 …… 72
5.4.3　残障因素 …… 73
5.4.4　家庭因素 …… 75
5.4.5　模式因素 …… 78
5.4.6　各因素的作用 …… 81
5.5　残疾人养老方式的运行机制 …… 82
5.5.1　一个中心 …… 82
5.5.2　两种角色 …… 83
5.5.3　三级理性 …… 84
5.5.4　四层主体 …… 86

5.5.5 五维特征 …… 88
5.5.6 典型案例分析 …… 90
第6章 残疾人养老的困境 …… 94
6.1 照料问题 …… 94
6.1.1 照料者的缺失 …… 94
6.1.2 照料者的无力 …… 95
6.1.3 照料双方的冲突 …… 96
6.1.4 照料者的心理体验 …… 97
6.1.5 特殊残疾人的照料困境 …… 98
6.2 医疗康复问题 …… 101
6.2.1 医疗负担较重 …… 101
6.2.2 康复难以实现 …… 102
6.2.3 一户多残家庭在医疗上的双重困境 …… 103
6.3 经济保障问题 …… 104
6.3.1 经济来源困难 …… 104
6.3.2 救助标准的限制 …… 105
6.4 精神文化问题 …… 105
6.4.1 精神文化需求认知模糊 …… 106
6.4.2 精神文化获取渠道狭窄 …… 106
6.4.3 特殊残疾人的精神文化困境 …… 107
6.5 其他问题 …… 109
6.5.1 住房问题 …… 109
6.5.2 出行问题 …… 109
6.6 残疾人养老困境较大 …… 111
6.6.1 残疾人养老的风险较大 …… 111
6.6.2 特殊残疾人养老的多重困境 …… 112

第 7 章　残疾人养老问题的对策 …… 113
7.1　现有养老政策分析 …… 113
7.2　国外的经验及启示 …… 115
7.2.1　英国 …… 115
7.2.2　美国 …… 116
7.2.3　日本 …… 117
7.2.4　新加坡 …… 119
7.2.5　瑞典 …… 119
7.2.6　对我国的启示 …… 120
7.3　政策构建的基本思路 …… 122
7.3.1　基本思路 …… 122
7.3.2　政策目标 …… 122
7.3.3　政策原则 …… 123
7.3.4　需要注意的问题 …… 125
7.4　政策体系设计 …… 125
7.4.1　均等化政策 …… 125
7.4.2　差异化政策 …… 127
7.4.3　个性化政策 …… 130
第 8 章　结论与讨论 …… 131
8.1　主要结论 …… 131
8.2　相关讨论 …… 134
8.2.1　关于差序格局理论 …… 134
8.2.2　关于需求层次理论 …… 134
8.2.3　关于研究展望 …… 135
参考文献 …… 137
附录　部分访谈残疾人基本资料 …… 149
后　记 …… 152

第1章 绪论

1.1 为什么研究残疾人养老问题

身体或精神的残疾，不仅给残疾人自身带来诸多不便，也对残疾人的家庭和社会产生影响。随着慢性疾病的增多、老龄化程度的加深以及各种意外伤害的发生，残疾人群已经成为一个不可忽视的特殊群体。1987 年，我国各类残疾人总数为 5 164 万人，占全国总人口的 4. 9% ;2006 年的残疾人抽样调查表明，我国各类残疾人总数已经达到 8 296 万人，占全国总人口的 6. 34% 。与此同时，我国老年残疾人口的数量增长也十分迅猛，2006 年第二次全国残疾人抽样调查数据显示，我国 60 岁以上的残疾人口数为 4 416万人，占全国残疾人总人口数的 53. 24% ，比 1987 年增长了 2 365 万人（梅运彬，2010），在全国范围内占新增残疾人总数的 75. 50%（张钧等，2010）。在此背景下，对待残疾人的态度已成为衡量一个社会文明程度的重要标尺，对残疾人问题加强研究、对残疾人政策支持体系进行建设，已经成为一种趋势。

在残疾人问题的研究当中,残疾人的养老问题值得予以特别关注。无论是残疾人老龄化,还是老年人残疾化,均面临着迫切的养老问题。与普通老年人相比,老年残疾人在生理状况、心理状况、经济条件、社会地位等方面处于弱势,在养老问题方面有着更为广泛的需求,也面临更多的困难。因此,如何在残疾人口高速增长的情况下解决好残疾人的养老问题就显得迫在眉睫。关注残疾人的养老问题,不仅有利于妥善解决残疾人的晚年生活,也丰富了老年人养老的范围和类型,对于提高老年人的养老水平具有积极意义。

1.2 为什么选择北京市

通过与全国残疾人情况的比较可以发现,北京市残疾人在残疾类型、养老压力、保障与救济等方面与全国残疾人的情况具有一定的共通性,这些共通性说明了北京市残疾人在研究中的代表性。与此同时,北京市残疾人也与全国残疾人的情况具有一定的差异性,这些差异性说明了北京市残疾人在研究中的特殊价值。首先,北京市残疾人的劣势表现为更老、更残,家人更少、更难,使北京市残疾人的问题更加复杂和棘手,因此,若能对北京市残疾人的养老方式构建合理的政策体系予以解决,则为全国残疾人养老问题的解决提供了信心和经验;其次,在养老方面,北京市残疾人的优势则表现为受教育程度相对较高、收入相对较高、服务供给相对较好等,也为其他地区解决残疾人养老问题提供了发展和前进的方向。此外,北京市在残疾人养老服务政策方面已经开展了相应的工作,为进一步加强残疾人养老政策体系建设奠定了基础。

1.3 如何界定残疾人

目前关于残疾人的界定有多种,各种界定的侧重点不同、表述不同,但在内涵上基本一致。

例如,联合国将残疾人界定为由于先天性或非先天性的身心缺陷而不能保证自己可以取得正常的个人生活和社会生活的一切或部分必需品的人(U. N. ,1975)。世界卫生组织和欧美国家通常根据身体形态损害(Impairment)、身体功能损失(Disability)、社会功能障碍(Handicap)来界定残疾人。

《中华人民共和国残疾人保障法》则对残疾人作出如下规定:残疾人是指在心理、生理、人体结构上,某种组织、功能丧失或者不正常,全部或者部分丧失以正常方式从事某种活动能力的人。残疾人包括视力残疾、听力残疾、言语残疾、肢体残疾、智力残疾、精神残疾、多重残疾和其他残疾的人。

此外,其他一些学者也分别从社会外塑(Oliver,1983;周月清,1998)、生理弱势(朱力,1995;陈成文,2000)、自我认知(陈昫,2011)等角度对残疾这一概念进行了界定。

通过对以上概念的比较,出于权威性和便利性的考虑,本研究将使用《中华人民共和国残疾人保障法》中的规定作为残疾人的核心概念。

1.4 使用什么数据和方法

本研究希望通过整体性数据、指向性数据和深度访谈资料对残疾人养老问题进行研究。

1.4.1 数据来源

本研究的数据来源主要分为调查数据和访谈资料两大类。前者包括2006年第二次全国残疾人抽样调查北京卷和全国卷的整理数据、2009年北京市残疾人服务需求调查原始数据;后者囊括历次访谈的资料,涉及残疾人养老方式选择、养老服务需求、养老困难及问题等多项内容。

1.4.1.1　2006 年第二次全国残疾人抽样调查数据

第二次全国残疾人抽样调查（简称“二抽”）的抽样方法为分层、多阶段、整群概率比例抽样，在北京市抽取了 88 个乡（镇、街道）、176 个小区，共调查 26 670 户、74 795 人，涉及 4 293 户残疾人家庭、4 852 名残疾人（表 1－1）。

1.4.1.2　2009 年北京市残疾人服务需求调查数据

北京市残疾人服务需求调查项目由北京市残联和中国人民大学社会与人口学院共同主持，重点考察视力、肢体、智力、精神这四类残疾人的服务需求状况。调查采用随机抽样、等距抽样和多阶段抽样相结合的抽样方法，在北京市 7 个区共抽取了 1 205 名持证残疾人，其中 1 198 名残疾人有养老服务需求。该数据主要用于分析北京市残疾人口的典型特征、在养老方式上的需求、养老服务的需求、影响因素等（表 1－1）。

表 1－1　调查数据情况介绍

数据	样本量	简介	特征
2006 年北京市第二次全国残疾人抽样调查数据	4 293 户残疾人家庭 4 852 名残疾人	调查人口的基本状况；残疾人口的基本状况；残疾人的残疾、活动和参与、服务、辅助及需求；社区和住户的基本状况	权威性、科学性 项目广，样本大 具体需求内容较少 养老相关内容较少
2009 年北京市残疾人服务需求调查数据	1 205 户残疾人家庭 1 198 名残疾人	残疾人基本状况；残疾人生活自理状况；残疾人接受服务现状；残疾人服务需求状况	权威性、科学性 项目细、重家庭 以重度残疾人为主 主要调查四类残疾人

1.4.1.3　访谈资料

数据资料的优势在于精确、直观和便于计量，但是由于调查目的的侧重点不同，调查数据具有不可避免的局限性，仅通过上述数据想挖掘出关于残疾人养老方式选择的深层次内容是有一定困难的。因此，本研究在此基础上借用了 2007 年北京市老年残疾人基本状况、问题及政策设计研究的深度访谈资料、2009年北京市残疾人服务需求调查的深度访谈资料，并根据残疾人养老方式的选择这一议题，有针对性地对16名残疾人进行了深度访谈（表1－2）。访谈内容包括残疾人个人状况、家庭状况，残疾人服务需求、养老方式选择，资金支持和照料来源，家庭压力和照料者体验，家庭关系与家庭支持，政府、社会和社区支持，养老担忧，政策需求等。本研究在使用调查数据的基础上补充使用定性的访谈资料，予以佐证或深化。

表1－2 访谈资料情况介绍

访谈时间	样本量	访谈对象
2007年	36人	老年残疾人，重度残疾人，老残一体家庭
2009年	30人	重度残疾人，一户多残家庭，老残一体家庭
2012年	16人	独居残疾人，单亲残疾家庭，老养残家庭 准老年残疾人，一户多残家庭，老残一体家庭
总 计	82人	

对这些访谈资料进行定性研究可以在微观层面和具体问题方面弥补数据资料的欠缺，对于探索养老方式中的个性化、特征化、特殊化要求和作用机制起到较好的弥补作用。为保护个人隐私，访谈中所涉及的残疾人均使用相应的编号予以替代。

1.4.2 研究方法

在研究方法上，根据所获得的资料以及研究的需要，本研究使用定量研究与定性研究相结合的方法。在定量研究方面，通过单变量描述、相关分析、回归分析等方法分析北京市残疾人的基本状况、养老（服务）需求、影响因素等内容。在定性研究方面，通过对访谈资料的分析，了解残疾人养老问题中的深层次内涵、具体形式、主要问题、作用机制等；通过典型案例研究对残疾人养老问题中的典型问题进行深入分析；通过文献研究回顾和梳理现有残疾人及养老政策的方法，分析其中的优势与存在的不足，从实践操作层面为残疾人养老问题体系的构建提供依据。

第2章

已有研究与评述

本研究将从传统和现实两个维度对已有文献进行回顾和评价,并在此基础上确立本研究的立足点。

2.1 有关残疾人养老的传统思想与实践

2.1.1 残疾人养老的传统思想

我国很早就已出现对弱势群体进行收养和养护的思想,残疾人作为“鳏寡孤独、废疾者”中的一员,被囊括在相应的养恤范围内。尽管“养老”的思想在当时并不突出,但是养恤所涵盖的养护、收养、安养等已经体现出“养老”的含义了。有学者认为大同思想、仁德兼爱、民本仁政,甚至因果慈悲,是我国残疾人养恤思想的基础和渊源(于凯,2004;桂琰,2012)。在此基础上,我国历代思想家将其演绎成了层层深化的残疾人养恤思想,具体体现为以下几方面。

2.1.1.1 养疾的思想

资料显示，我国早在西周时就已经提出供养残疾人的思想，这不仅是我国传统文化中大同思想的体现，也已经明确提出要对残疾人进行供养。《礼记》作为一部典范性的礼仪规矩之书，为后世残疾人保障的思想奠定了理论基础。近来也有文献表明，我国甚至在尧之前的上古帝王就已经提出了对残疾人进行妥善安置的思想，而这一思想恰恰与《礼记》所推崇的“大同之世”相互佐证（于凯，2004）。

春秋战国时期，百家争鸣促进了残疾人养恤思想的发展。《管子·入国》中将养疾的思想更加具体化，不仅要养护残疾人，还要满足他们的衣食之需，并进行安葬。

2.1.1.2 抚恤的思想

在我国的传统思想中，对于老年人，仅能做到供给衣食住所，使他们免受冻馁之虞、流离之苦的“能养”是不够的，还要尽可能做到根据不同的年纪供给不同衣食的“善养”。一方面，从老化的角度讲，随着年龄的增长，老年人身体状况不断恶化，各方面的能力下降，不断有老年人出现残疾。为了满足不同年龄阶段老年人的需要，《礼记·王制》中针对不同年龄的老年人的饮食做出了详尽的规定。另一方面，从残障的角度讲，残疾人的自理能力有限，需要提供额外的支持予以帮助，减轻残疾人的生活负担。

在《周礼》中，相应优待主要是减轻残疾人的劳役负担。免除残疾人家中一人的徭役和兵役，盲人可以享受80岁老人的优惠待遇，减免家中一子的劳役，使家人能更好地照料残疾人的生活。与此同时，为了保障残疾人的生活，政府还设有施粥、医药供给、衣物补给等不同的安置办法。在灾害、战后，残疾人都是减免税赋、田租的主要对象，或者通过多给予优质田亩等办法减轻残疾人的负担，保障残疾人的基本生活。

唐代时，不仅对蠲免的内容、对象做了规定，还制定了相应的法律处罚没有按规定对残疾人进行减免课税的违法者。宋代，程明道、司马光、司马康等学者都曾经论述过关于残疾人居养、施粥等养恤的思想。这说明,当时的人们已经认识到对残疾人不仅要将他们养起来,还要给予一定的关爱。具体表现在,明朝对于残疾人奉养的条款更加细致,不仅对不同年龄的残疾人的奉养标准有了规定,在供给物质保障的同时还提出应定期上门慰问老年残疾人。

2.1.1.3 互助的思想

中华民族作为一个乐善好施的民族,互助的思想占有非常重要的地位,主要表现为推己及人、助人为善。对于互助,汉代的于吉有非常明确的认识,认为有余力余财年轻之人去周济帮助贫困弱势年老之人是天经地义的,若是做不到则是大逆之事。而北宋时期的理学家张载认为,对待残疾人应当像对待自己的兄弟一般。与张载同时代的程颐则从"亏者盈之"的角度予以论述,和道家代表人物老子"损有余而补不足"的观点有同工之妙。

从以上的回顾中可以看出,对残疾人进行养护和安养的思想是历代思想家的共同主张。在残疾人的养老方面,养疾、优待和互助这三个思想是任何一家一派都认可的。

2.1.2 残疾人的养老形式

在上述三种思想的影响下,我国古代残疾人养老具体表现为三种形式。

2.1.2.1 国家收养

残疾人的国家收养制度兴起于春秋战国时期。出于频仍的战争和争取民心的必要,许多贤明诸侯十分看重残疾人的供养和抚恤。管仲值相时设立专门的"掌养疾"官员,由官府收养生活不能自理的残疾人。这也被看作我国对残疾人进行"国家收养"的开端。对残疾人进行集中扶养的国家收养是政府保障残疾人生活的重要方式,但保障的内容不仅局限于收养,同时也包括"疗疾"或"授事"。如《周礼·地官司徒》中就提出了对残疾人保障基本生活、予以医药的要求;《国语·晋语四》曾记载晋文公与胥臣交谈时提到,在官府中安排盲哑聋残者根据自身特点从事一些力所能及的事务;《周礼·秋官·掌戮》中也有类似的记录。

南北朝时期,国家收养机构开始正式建立。唐代时,官府及寺院设置病坊收养残疾人,针对不同家庭状况提出了不同的收养形式。宋代的社会救助机构和残疾人养护机构更加完善,在安济坊、居养院的基础上又增设了福田院等,并要求以无人居住的房屋财产充当养老场所,或以官房和常平仓的利息钱作补充。元世祖至元八年(1271 年)下令各路设立济众院,收留鳏寡孤独残废不能自养的人,给口粮,另给柴薪(《元史·食货志》)。明清两代的残疾人社会保障事业发展极快,救助机构不断增多,救助内容不断细化,法律中还体现了相应的惩治规定。《大明律》中对不收养残疾人的现象提出了明确的处置方式。清光绪年间还制定了《疯人院简章》十条。

2.1.2.2　宗族救助

国家收养的残疾人主要是指年老极贫却无依无靠的残疾人,各地方上的收养机构都有比较严格的收养标准,不准"查有亲戚可靠并非实在无依者"进入官办的残疾人收养机构。但事实上,有亲戚可依但生活仍然艰难,或虽有亲戚但是不具备赡养能力的情况依然存在,因此,宗族的救助对这类残疾人起到了极大的帮助,是对国家救助的有效补充形式。

宗族是以血缘为纽带并聚族而居的社会集团。宗族救助于我国先秦时期就已经产生,在农村地区十分常见,对鳏寡、贫困、年老、伤残、疾病等生活困难的人进行物质上的周济,或在灾害时互帮互助共渡难关(王卫平,2004)。事实上,宗族作为家庭的扩展,其救助范围不仅限于同一血缘的家族单位,还包括同一村落的邻里乡亲,救助的内容主要为衣食救济、住所保障、探望照料、收养孤子、丧葬相助等。

2.1.2.3　家庭供养

在我国的传统文化中,家庭养老是常见的养老方式,残疾人也理所当

然地是家庭赡养的主要对象，家庭是供养残疾人的最重要和最主要场所。相比之下，明确提出家庭如何赡养残疾人的古代文献极其有限。一方面，是由于“疲癃残疾形容改”是一个自然而然的衰老过程，父母是否残疾，对于儿女来说都是同样的侍奉；另一方面，也是因为古代生产力水平低下，人们的认识水平有限，除了孝敬和奉养之外，在家庭范围内还难以为残疾人提供康复、医疗等措施。尽管如此，我们还是可以发现有很多子女照料长期患病卧床的父母的例子，这些患病卧床的老年父母与今天意义上“失能老人”类似。本研究尝试以此为例，使我们在整理文献时权且管中窥豹，大致了解古人在家庭中是如何赡养残疾人的。

《南史》中关于子女侍奉“寝疾”“笃疾弥年”的父母的记载比较丰富。当父母患病（残疾）长期卧床时，郭原平侍奉父亲衣不解带，口不尝盐菜者，夸积寒暑，又未尝睡卧；庾沙弥侍奉嫡母晨昏侧寝，衣不解带，或应针灸，辄以身先试。《新唐书》上则记载刘审礼每当祖母生病时他亲煮药，尝而进。此外，《清史稿》载潘周岱父亲“老废”，周岱独应佣，得酒肉时蔬怀归，箪以进，沈起侍父弃官，郯子扮鹿求乳。这些都说明了古人照料已经失去自理能力的父母，大抵“衣不解带”“亲调汤药”“数载如一日”，突出了“孝道”（骆承烈，2003）。

由以上材料可以看出，我国古代学者对残疾人的养护是持积极赞成的态度的，形成了广泛的社会理想和救助思想，作出了具体的救助行为，也制定了相关的法律制度，而宗族和家庭更是为残疾人的养老平添了很多保障，提供了最基本的养老支持。尽管这些思想以及转化而来的实践成果与历史同期的其他国家相比具有很强的先进性，但是不可否认的是，其中也存在着一定的历史局限性。第一，在具体实践中，仍然是以“养”为主，其主要目的是将残疾人养活，对于残疾人的其他需求关注较少，因此也难以形成有针对性的养老政策。第二，统治者提出的各种规范和制度都是从维护封建统治的角度进行的，往往高高在上，对残疾人是施舍和怜悯，其主要目的仍然是“安抚”。第三,残疾人往往被涵盖在鳏寡孤独贫困人群体当中,能够得到相应保障和支持的残疾人主要针对聋、哑、盲、跛几类,对于现代意义上的精神残疾、智力残疾仍然持一种歧视的态度。第四,以今天的观点来看待古人侍奉失能父母的行为,既看出了对于侍奉双亲的重视,也看出其中一些不合时宜的因素,有些记述甚至过于神异和夸张,养老方式上不具备现代意义。基于以上几点,古代的残疾人思想和实践为残疾人养老问题研究提供了参考依据。

2.2　有关残疾人养老问题的现实性研究

关于残疾人的现实研究中,国内外学者大多集中在残疾人的社会福利、教育及就业、医疗与康复、扶贫与助残、社会救济和社会保障、无障碍设施、社会融入与社会参与、婚姻与家庭等方面,对残疾人养老问题的关注大多零星地散见于上述研究中。明确将残疾人的养老问题作为一个主题的研究大约发轫于2009年。姚远通过分析老年残疾人的特点和需求,指出了我国家庭养老功能变动的趋势和未来政策构建的要求(姚远,2009);王子仁在其硕士论文中对智障人士的养老方式做了探究,认为应为智障人士建立以居家养老为主、机构养老为辅的养老体系(王子仁,2009)。2010年以后,有关残疾人养老问题的研究逐渐增多,其中有些还涉及了残疾人居家养老服务的内容,包括对西北地区老年残疾人居家养老服务供需状况(许琳,2010),对农村老年残疾人养老困境和对策的研究(李文清,2011),对老年残疾人居家养老服务补贴模式的探索(米红等,2011)等。

2.2.1　残疾人的养老状况

2.2.1.1　残疾人的养老需求

老年残疾人最主要的需求是“老有所养”和“老有所医”(刘宏义,

1990)。张敏杰对农村高龄残疾妇女的研究发现,她们的主要需求是生活照料、物质支持和医疗保健,对于精神慰藉的需求并不明显(张敏杰,2010)。城中村老年残疾人对于居家养老的需求主要体现为医疗康复和基本服务这类的基本生存需求(付聪聪,2012)。也有些研究显示,老年残疾人容易出现孤单、自卑、抑郁等心理问题(胡春菊,2007),或在致残后出现避世、冷淡的心理特征(Eun - Kyoung,2006),需要通过心理康复护理来提高老年残疾患者的生活能力(朱慧,2006)。

相比没有残疾的人群,老年残疾人口对长期护理的需求更高(郑晓瑛等,2008),随着年龄的升高,老年人的残疾风险增加,社会支持的压力增大(Kay - Tee Khaw,1997)。目前,家庭仍然在照护失能老人中扮演着主要的角色,一般家庭照料失去自理能力的老人可承受的期限在 6 个月左右 ,一旦照料时间超过这个期限则会对家庭造成沉重的负担,需要家庭以外的资源提供日常照料和健康护理(裴晓梅等,2004)。从北京市的角度看,老年人对于社区养老助老的服务有较大的需求,因为老年人对家庭户内的服务需求要高于对户外服务的需求(贾云竹,2002)。同时,考虑到残疾人的家庭也需要一定的帮助,喘息式照看中心以及日托中心等能够帮助残疾人家庭和亲属减轻照料负担、缓解家人的精神压力。但是这种短暂的照料也存在一定的问题,如照看的技术水平有限,无法为重度残疾人提供恰当的服务(Carole ,1983)。

此外,周元鹏等根据年龄别和功能障碍等级的老年人口比例预测上海市居家养老服务的需求规模(周元鹏等,2012)。潘金洪也发现独生子女父母因子女为伤残而产生养老焦虑的比例较高,若独生子女和父母均失去自理能力,难以相互照料,就需要社会予以帮助(潘金洪,2009)。

2.2.1.2　残疾人养老的支持来源

目前关于老年残疾人支持来源的研究主要涉及经济来源和照料来源。

老年残疾人的经济来源主要包括工资收入、年轻时的储蓄、养老金或离退休金、家庭成员的供给以及低保和救济金等(谢琼,2008)。随着社会的发展和社会保障思想的完善,有关残疾人保障问题已成为目前关于残疾人研究中比较重要的内容。中华人民共和国成立后,针对残疾人在劳动保险、社会救助、康复保障、教育保障、劳动就业保障、文化体育活动及无障碍设施等多方面建立了保障体系。

家庭仍然是残疾人照料的主要来源。家庭对于残疾人而言具有双重意义。一方面,家庭在残疾人的健康和康复中扮演了重要的角色(King 等,2004);另一方面,残疾人家庭具有极强的不稳定性,许多残疾人的婚姻家庭濒临崩溃与解体(吕红平,2008)。从美国的研究来看,在美国推行的"回归家庭康复计划"(Discharge Planning Services)使越来越多的家庭成员承担起医务人员的照料工作,配偶和子女是照料者的主要来源(Lawrance,1996)。

2.2.1.3　残疾人的养老困境

2012 年 5 月 28 日的《人民政协报》上刊登了山西晋中市成芳斌关于残疾人养老问题的思考,指出残疾人在养老方面存在困境,相关的养老保险与社会福利不同步,残疾人养老矛盾比较突出(成芳斌,2012)。除"五保"制度外,更多的保障政策的受众是残疾儿童和劳动力年龄的残疾人,制度性的社会保障存在着"低覆盖、不均衡"的特点(梅运彬,2010)。不同年龄段、不同残疾类别、不同性别的残疾人的社会保障满足程度有限,女性、农村、老年等残疾人群体更是社会保障中的弱势群体。这种由于供需失衡造成的排斥主要来源于老年残疾人家庭支持中家庭规模的缩小、有偶率降低、收入较低、社区支持的综合资源有限、可及性较差和社会保障制度的缺陷(张金锋,2012)。

尽管残疾人难以走出家庭,在家庭居住符合老年人的生活习惯和传统观念,但是残疾人的家庭养老实际上也面临着困境。一方面,我国老年残疾人家庭护理的服务水平较低,老年残疾人只能被动接受,家庭供给的长

期照护难以满足老年残疾人的根本需要,因此,以社区为载体的服务供给形式就显得十分必要(陈昫,2011)。另一方面,在家庭养老传统极为浓厚的农村,老年人目前的养老状况也不容乐观。农村的失能老人目前也面临着失去家庭传统支持的局面,而农村养老政策不够完善、服务体系有所欠缺,更是造成了农村失能老人的养老困境(李文杰,2012)。家庭是残疾人支持的主要来源,在经济供养、生活照料、精神慰藉等方面存在较大的支持压力,供需难以平衡,家庭成员压力较大(付聪聪,2012)。在机构养老方面,残疾人对于机构的需求和机构所提供的有限的服务资源构成了一对矛盾,社区提供的日托服务资源也并不充裕(梅运彬,2010)。

由于观念的影响,许多生活不能自理的老年人并不认为自己是残疾人(杜鹏、尹尚菁,2011),对残疾的认识不足,在出现残疾的状况后,采取的预防措施有限,但若是不能在合适的时间采取有效的预防和康复措施抑制迅速增长的残疾率,将给残疾人自身及其亲属带来痛苦和负担,还会增加社会的压力(桂世勋,1999)。残疾人是弱势群体,残疾与贫困之间的交互作用使残疾人在贫困群体中也最为贫困(DFID,2000)。农村老年残疾人的多重弱势明显,自养能力不足、家庭养老功能弱化、社会养老服务体系不健全,在经济上、生活照料和精神慰藉上都面临多重困境(李文清,2011)。智力残疾老年人、重度老年残疾人面临较大的经济压力,空巢家庭的老年人存在着无人照料的风险(梅运彬,2010)。相比其他类型的残疾人,智力残疾人养老时间开始较早、养老资源供求矛盾严重且对家人要求较高,因而面临较大的养老压力。但目前对智力残疾人的养老问题认识还不足,没有认识到智力残疾人在残疾人群体中是一个在养老方面更加弱势的群体,他们社会适应能力弱、先天残疾多、寿命短、无子女或兄弟姐妹照料(王子仁,2009)。独生子女的伤残也会对父母的养老造成比较大的影响,使家庭的养老支持丧失或弱化,尤其在生活照料和精神慰藉方面的缺失极大(赵仲杰,2012)。

2.2.2　残疾人的养老方式

2.2.2.1　几种养老方式

居家养老、社区照料和机构托养已经成为公认的三种养老方式。

居家养老提出伊始就与老年人、残疾人、失能者有着密不可分的联系。英国自20世纪50年代开始，针对机构式照料方式提出"去机构"化的理念，其目的就是缓解失能、残疾老人过多，养老机构负担过重、难以为继的局面，并希望老年人和残疾人能够在家庭或与家庭环境相类似的地方接受照料，促进老年人和残疾人的社会参与。在西方，这种依托社区而开展的养老方式和生活方式被称为社区照顾。从西方的经验来看，对于残疾人的供养经历了一个从"集中式"向"居家式"转变的过程，残疾人的养老场所也从养老机构逐渐变成家庭和社区。居家养老更符合当今老年人(残疾人)的生活需要，因此也更受到老年人(残疾人)的青睐。研究显示，居家养老仍是多数老年人(残疾人)的首选。2008年的调查显示，85%的老年人倾向于居家养老(全国老龄委办公室，2008)。失能老人中，82.56%选择居家服务，16.73%选择机构服务(王静等，2008)。

机构养老曾因"在一定程度上缺少家的温馨感觉"、不符合中国社会"叶落归根"的风俗而不受老年人(残疾人)的欢迎。戈夫曼的研究指出，对残疾人实施"封闭式""庇护式"的供养将会阻碍残疾人建立积极的社会关系。然而，由于老年期身体情况恶化同时照料资源缺乏等因素，我国老年人入住养老机构的可能性在增长，但是目前居住在养老机构中的人群多数为生活可以自理，不需要日常照料的老年人(顾大男等，2006)。

将居家或在家庭中居住的老年人与机构的老年人进行对比研究也是一项重要内容。如与居住在家庭相比，机构养老的优势在于能够为需要照料的老年人提供专业的医疗护理服务(徐勤等，2007)。在机构中居住的老年人所获得的日常生活上的支持明显优于在家庭居住的老年人，而在感情

支持维度上家庭中居住的老年人明显优于在机构中居住的老年人(陈传锋等,2008)。在养老院和老年公寓中居住的老年人的子女对父母养老的忧虑程度高于居家养老老年人的子女(崔丽娟等,1999)。

与机构养老相比,社区养老的优势在于能够为居家养老提供场所支撑、降低医疗费用,并且可以提供灵活多样的上门服务(徐祖荣,2008)。对于社区康复,残疾人在客观上的需求较大,但是主观上不了解(张玉梅等,2002)。社区康复目前提供的康复起步较晚、项目也比较有限(李宗华,2003),残疾人不了解以及社区康复服务项目的有限或许正是社区康复、社区养老还难以受到残疾人重视的主要原因。在残疾人的社会工作问题研究中,社区也是一个非常重要的概念,但是发挥的作用与养老服务有所不同,更多表现为残疾人医疗康复、教育就业、文体生活、无障碍设施建设等方面的支持(陈喜强等,2004;谈志林,2008;黎建飞,2007)。

2.2.2.2　养老方式的影响因素

从性别差异来看,男性对于居家助老服务的需求高于女性,老年残疾女性每周接受的社区服务的时间也要少于男性(Steven 等,2000)。顾大男等人的研究发现,与居家养老相比,机构中的老年男性居多、城镇人多、受教育水平相对较高、家庭照料资源相对较少(顾大男等,2006)。

年龄是人口学因素中与老年人养老方式选择相关度最高的指标之一,年龄越低、健康状况越好的老年人越倾向于居家养老,当年龄增长、身体健康水平逐渐下降,而子女又少或者不孝顺时,老年人更倾向于选择机构养老(翟德华、陶立群,2005)

与年龄密切相关的身体健康状况、自理能力等也是影响老年人养老方式选择的重要因素,多数老年人会根据身体的自理能力来确定是否适合居家养老。健康状况的恶化和身体功能的损失会增加老年人对正式居家照料和养老服务的需要(Wallace 等,1998;Miller 等,1991;蒋岳祥、斯雯,2006)。在国外,几乎大部分进入养老机构的老年人在身体功能上都存在着较大的障碍，需要他人的照料。而在我国，中华人民共和国成立以来成立的福利院和敬老院以收养“五保”老人和“三无”老人为主，进入非福利性质的机构养老的老年人大多数生活可以自理(廖晓春,2000)。当夫妻双方都能自理或者有一人身体不能自理时，绝大部分人会选择居家养老；当双方身体都不能自理时，一半以上的老年人会选择入住养老机构，选择社区照料模式的比例也高于其他两类养老方式(赵仲杰,2012)。在国外，身体健康状况和功能的评价更加多样，包括 ADL 丧失状况、IADL 丧失状况、慢性病状况(Kadushin,2004)、健康自评状况(Wolinsky 等,1983)、认知损伤、痴呆、抑郁(Melanie 等,2010)以及去年的住院状况等。住院的经历会增加老年人与正式服务接触的机会(Baila,1991)。与此相关，残疾类别和残疾等级也会间接影响残疾人养老方式的选择，因为肢体残疾和智力残疾对生活自理能力影响最大，而多重残疾则造成较大的自理障碍(杜鹏、尹尚菁,2011)。

婚姻状况也是影响老年人(残疾人)选择养老方式的因素。未婚的女性对于日间照料服务的需求较大(Brian 等,1994)，而处于离婚、丧偶或未婚状态的老年人更倾向于进入养老机构(林晓嵩,2006)。

经济能力也会影响老年人(残疾人)养老方式的选择。由于受到医疗成本的限制，相比入住机构，低收入的美国老年残疾人更希望居住在社区采取家庭护理的照料方式(Lynch,1995)。

在家族主义者的观念中，认为家庭成员应当承担起照料基本的责任(Crist,2005)，子女为了报答父母的养育之恩应当满足父母们的照料需求。因此，家庭成员通常是在家中居住的老年人的主要养老支持提供者，外界的正式照料或付费服务只是一种补充形式。

此外，受教育程度、原工作单位性质等也会影响老年人对于居家养老服务的需求(丁煜等,2001；贾云竹,2002)。老年人自身的地位、情感需要、居住状况、家庭设施、与子女的沟通程度、与子女关系、照料护理状况、养老意识、地方经济水平、原来的职业等因素从家庭内部和社会外部影响着老年人对于养老方式的选择(李若建,1999;廖晓春,2000;刘晶,2006;潘剑锋,2007)。

2.2.3 残疾人养老的对策

2.2.3.1 残疾人养老服务体系构建

残疾人养老或服务体系的构建,在侧重点上各有不同,主要形成以下三种观点。

(1)照料支持的多足鼎立式。由于老年人面临着疾病风险和失能风险,因此应在养老保障的基础上提供医疗保障和服务保障,建立包含长期照料保险制度、服务市场、三方合作格局、服务行业标准和规范以及管理监督体制在内的城镇长期照料服务体系(党俊武,2007)。桂世勋认为应当构建广义的老年人照料体系,涵盖正规照料和非正规照料,为生活自理存在困难的老年人供给补救性的照料,并为减缓老年人自理能力的衰退而提供一定的发展性和预防性服务(桂世勋,2008)。王维达等则认为居家养老服务是包含在老年人照顾服务体系内的,与老年福利设施、老年用品和社会互助一起构成了老年人的照顾体系(王维达等,2005)。

(2)服务的居家养老主体式。人们已经逐渐认识到残疾人的需求不能被一般化、平均化的需求所掩盖。为了突出残疾人的特殊性、切实满足老年残疾群体养老服务的需求,米红和杨贞贞提出了创新型的比例补贴式的、设立最高限额的、多选择性的居家养老服务补贴制度。从残疾类别来看,居家养老为主是智力残疾人较理想的养老方式,因此应针对这类残疾人建立以居家养老为主、机构养老为辅的养老体系(王子仁,2009)。从残疾程度来看,重度老年残疾人面临着经济贫困和长期护理上的缺乏,现阶段应建立以居家护理为主体,以社区护理为依托,以机构护理为补充的老年生活照顾服务提供体系,社区护理主要提供出院后的短期护理、重度慢性疾病的生活照料等来补充老年人功能的严重丧失。在护理方式上，重度残疾老年人长期护理的最佳方式是居家护理，经济条件好的可以选择入住机构接受高质量的护理服务，通过社区的护理服务降低护理成本（戴卫东，2010）。从地域来看，在农村大力发展居家养老服务、开展社区照料服务是解决农村老年残疾人养老困境的办法之一（李文清，2011）。

（3）经济保障的重点扶持式。周沛对残疾人社会保障制度和残疾人社会福利体系的概念做了区分，认为社会保障制度制约了福利成分、限制了福利的覆盖面，并且导致整体的福利水平不高，因此有必要建立一个针对残疾人的更为宏观、更为广泛的社会福利体系（周沛，2010）。杨立雄认为应当建立我国残疾人托养服务标准化体系（杨立雄，2011）。中国应在促进残疾人社会融合的理念基础上构建与发展老年残疾人社会保障体系（张金锋，2012）。工资收入、年轻时的储蓄、养老金或离退休金、家庭成员的供给、低保和救济金这些经济收入并不能有效满足老年残疾人的经济保障需求，因此，应建构以养老金为核心的多支柱经济保障体系（谢琼，2008）。

2.2.3.2　其他对策和建议

针对残疾人养老的其他对策和建议主要是从差异性的角度来思考的，其主要目的是针对不同的残疾类型和残疾程度的老年残疾人提供有差异的服务（杜鹏等，2011）和社会保障（贾玉娇等，2011）。在养老机构上，可以根据老年人“被护理”和“被照顾”的不同程度来为老年人提供不同类型的养老机构（黄耀明等，2012）。在欧美国家中，一些患有心脏病、肾病以及做过器官切除手术的人群都被看作残疾人，当这些老年人丧失生活自理能力时，通常被统一称为失能老人。相关机构会根据丧失自理能力的差异而划分为中级护理照顾和技术护理照顾（类似于我国的介助、介护的划分方式），帮助不同失能程度的老年人选择合适的养老机构（黄耀明等，2012）。张旭升认为，通过对老年人自理能力的评定来帮助老年人选择合适的养老场所，居家养老主要针对可以自理或半自理的老年人，提倡完全不能自理

的老年人入住养老机构(张旭升,2010)。我国的某些地区还根据老年人有无自理能力和经济条件区别提供无偿服务、低偿服务和有偿服务(魏彦彦,2010)。

此外,尽管许多学者并没有提出有关残疾人养老的对策建议,但也在研究中贡献了有益的思考。如国外的学者提出根据残疾程度的差异来提供不同的社会支持形式(John,1945),通过政府的政策和福利来解决残疾人社会支持问题(Lawrence,1973)。在我国,李迎生提出了社会政策、社区工作以及"第三部门"对残疾人社会支持网络构成的作用(李迎生,2004);专门针对残疾人的社会福利保障制度或办法(朱力,2004);用"去障碍"的模式重构残疾人社会福利制度(兰花,2008)。分层式的养老保障模式(蒲新微,2009)等也为本研究的设计提供了有益的帮助。

2.3 研究评价与分析

已有的文献为残疾人养老问题的研究提供了丰富的智力资源。通过对现有文献的回顾和分析,本研究对以下问题进行了思考。

2.3.1 关于残疾人养老

综合来看,残疾人养老问题这一概念包括三层含义。

第一,残疾人既是主体也是客体。从养老方式选择的角度看,残疾人有选择的权利,是主体,在选择什么样的养老方式以及具体的服务形式等方面有主动性;从养老方式供需的角度看,残疾人是接受者,是客体,对于能够得到什么样的养老条件、能获得什么样的养老服务等方面,残疾人是被动的。

第二,养老是一种特殊的文化活动。残疾人的养老涉及财物、饮食、居住、护理等多个方面,无一不受到文化的影响。在养老方式的原则和范围内,可以有多种的、具体的养老方式和养老服务内容。

第三,养老是一个过程,也是一种行为。老年人养老与残疾人养老有明显差异,具体表现为残疾人养老不仅受到年龄要素的影响,也受到残障要素的影响。如果说增龄是每一个人均要经历的,而残障则只是部分人所要经历的。同时,增龄对养老能力的影响可能是阶段性的,对残障的影响则是全过程的。

2.3.2 残疾人群养老与一般人群养老的关系

残疾人群养老与一般人群养老存在相通性。养老是每一个社会成员都要面临的话题。无论是残疾人群还是一般人群,在养老问题上都要关注生活照料、经济支持、精神慰藉这几个方面。一般人群在老年期也面临着残疾和失能的危险,从健全人逐渐成为残疾人。因此,对残疾人的养老问题进行研究,实质上也是在研究一般人群的养老问题。

残疾人养老存在特殊性。残疾人与一般人群最大的不同在于,除去年龄的标识和残障的弱势外,在残疾人群体内部,残疾人由于残疾类别、残疾程度、致残时间、家庭类型等方面的不同,在养老方式的选择和养老服务的需求上也存在着许多差异。因此,在进行残疾人养老问题的政策体系构建时需要考虑到残疾人与一般群体的不同,以及残疾人内部的差异性。

2.3.3 残疾人养老服务与助残服务的关系

养老服务与助残服务存在统一性。首先,助残服务与养老服务均是公共服务和社会服务的组成部分,其针对的人口群体和服务重点略有差别,但在公共服务体系中均是有机构成和重要部分,无论是服务宗旨、服务提供、服务性质,均具有相通性。其次,在服务场所上,无论是养老服务还是助残服务,都公认具有居家、社区和机构这三种。最后,助残服务与养老服务在服务形式、服务内容等方面具有互通性。助残服务需要提供生活照料、贫困救助、社区养护、紧急援助、机构支持等,这也是养老服务的必要环节;养老服务需要提供心理疏导、精神文化、情感交流、社会交往等,这也是助残服务中不可或缺的。

养老服务与助残服务存在差异性。尽管助残服务与养老服务具有一定的相通性,但在理论和实践中,也表现出诸多差异性和对立性。第一,在服务对象上,助残服务对象是残疾人群体,包括了人生的各个阶段;养老服务对象是老年人群体,局限在衰老以后的时间段。第二,在服务性质上,助残服务强调残障的特性,养老服务强调老化的特性。第三,在服务内容上,助残服务以残障为中心设计服务体系,凸显满足康复的服务;养老服务以老年人为中心设计服务体系,凸显生活照料的服务。第四,在服务宗旨上,助残服务强化残疾人的社会参与,而养老服务强调实现老年人的自理自立。

对于残疾人群体来说,助残服务与养老服务是不可分割的一个整体。助残服务包括了养老服务,养老服务是助残服务中特定阶段的服务。研究助残服务与研究养老服务,其实质是相通的。研究助残服务需求可以在一定程度上了解养老服务需求,而研究养老服务问题同样可以深化对助残服务的认识。

2.3.4 几种养老方式的关系

虽然根据养老的地点将残疾人的养老方式划分为三类,但是在现实中,这三者之间还存在一定错综复杂的关系。

一是异中有同,相互交叉。部分针对残疾人的居家养老服务需要通过社区的服务机构和工作人员进行提供,居家养老的残疾人可以到社区的活动场所活动,社区照料中心的活动室同样向居家养老的残疾人开放。2011年国家出台的《社会养老服务体系建设规划(2011~2015)》明确指出,社区养老服务是居家养老服务的重要支撑,具有居家养老支持的功能。面向残疾人居家养老的服务也提供给依靠社区照料养老的残疾人。如以社区为依托为居家养老的残疾人提供送餐服务、家庭保健服务等,选择社区照料的残疾人同样可以享受到社区配餐、医疗康复的服务。社区照料可以看作短时间的、小范围的机构托养,是机构托养在社区内部的短期表现形式;社区照料也可以为居家养老的残疾人家庭提供喘息服务。

二是各有侧重,相互补充。残疾人的养老服务需求是多方面、多层次的,单一的养老服务方式很难完全满足,因此,养老方式的互补就是非常必要的。居家养老服务涵盖生活照料、家政服务、医疗康复、精神文化等多个方面,为残疾人的晚年生活提供较为全面的保障。社区照料以临时照看和文化娱乐服务为重点,并对部分有需求的残疾人进行康复服务,既满足了残疾人的不愿或无法入住养老机构的居家需求,又弥补了居家养老的残疾人在一定时期内无法获得持久照顾的弱点。机构托养以设施建设和专业护理服务为重点,为需要长期护理或智力残疾、精神残疾、重度残疾等无法自理的残疾人提供终生的全天候的养老服务。

2.3.5 本研究的主要内容

通过对以上问题的思考,本研究认为,可以在加强研究对象上的针对性和增强研究内容上的整体性方面开展进一步的研究,将视角集中于残疾造成的老年人群内部的差异,将对老年残疾人群体的养老问题进行整体性研究。具体而言,本研究的内容主要涉及以下几个方面。

第一,残疾人养老需求的问题。分析残疾人对老化的认知以及开始养老的时间节点、残疾人的主要养老目标和标识性的需求。

第二,残疾人养老方式选择及如何作用的问题。分析残疾人对养老方式的选择以及运行机制等问题。将社区和机构养老与居家养老进行对比,分析影响残疾人养老方式选择的主要因素,以及这些因素之间的相互作用等。

第三,残疾人养老困境的问题。分析不同残疾类型、家庭类型的残疾

人在养老方面的困境与需求,以及特殊残疾人群体的养老问题。

第四,如何构建的问题。分析我国现有政策,通过借鉴其他国家的经验,从目标、原则、功能定位等几个角度对残疾人养老进行政策体系的构建。

第3章

相关理论及应用

3.1 相关理论成果

本研究将从养老文化、养老需求、养老方式选择、养老支持体系和养老支持政策构建这几个方面，通过梳理需求层次理论、特殊需求理论、理性选择理论等相关理论和观点，从多个角度对残疾人养老问题进行研究和阐释。

3.1.1 养老的文化理论

养老这一行为中蕴含着文化原则。面对同样的环境与问题，不同社会或群体所选择的解决和应对方法不同，造成这种差异的原因就是文化。从大背景上来说，是赡养老人还是遗弃老人，从具体行为角度来说，居住安排、照料对象的选择都与文化有关。例如，城乡老年人在照料者的选择上存在文化差异，在居住方式的选择上也受到社会文化因素的影响；不同国家的老年人在选择照料者时有不同的倾向。养老文化在表面上体现为代际之间的养育关系,在本质上则反映了一个群体的价值观念、情感特征、思维方式和行为准则。我国绵延千载的家庭养老方式中就蕴含着科学整合的文化特征。通过对家庭养老的研究发现,家庭养老的生命之源不是一种利益机制,而是一种以血亲关系为价值标准而建立的文化机制。血亲价值观念作为家庭养老的文化核心,不仅反映了家庭代际内的互动,还反映了价值观念和情感模式的继承(姚远,2001)。

这种文化的影响不仅体现在我国残疾人的养老问题上,在世界其他国家也有类似的表现。尼泊尔的夏尔巴人中,通常由小儿子承担赡养老年父母的责任,但是到喜马拉雅地区担任脚夫或导游的职业吸引了越来越多的小儿子离开家庭。虽然其他儿子承担起了赡养老年父母的责任,但是老人们仍感觉闷闷不乐,因为他们认为传统的文化受到了破坏(珍妮,1996)。从中我们可以看出,养老问题是一定文化背景下的产物。因此,我们对残疾人的养老问题进行分析时,一定要注意其中的文化内涵,一方面要考虑到我国独特的文化特征,另一方面也要努力营造能为残疾人和老年人提供最大化福利的社会文化。

3.1.2　养老的需求理论

3.1.2.1　需求层次理论

需求层次理论由美国社会心理学家、比较心理学家和人格学家马斯洛在《人类激励理论》一书中提出。这一理论观点从人类动机的角度出发,认为人有一系列复杂的需求,包括生理的需求、安全的需求、情感和归属的需求(也称社交的需求)、尊重的需求和自我实现的需求,这些不同的需求呈阶梯状从较低层次到较高层次按序排列。其中,生理的需求是维持人类自身生存的最基本、最原始的需求,主要表现为衣食住行乃至性的需要。在生理需求的基础上,人们会产生诸如避免事故、摆脱危险等安全的需求。情感和归属的需求表现为人们希望获得关心友爱等。这三类需求在需求等级中位置较低,通过外部条件就可以满足,而尊重的需求和自我实现的需求相比之下居于更高的层次,需要通过内部的因素予以满足。在某一时期,人们总会有一种需求起到支配作用,人们的行为都是在试图满足自己的这种需求,一旦这种需求得到满足,就会产生另一种需求。一般说来,当较低层次的需求得到满足时,才会激发满足较高层次需求的动力。

马斯洛需求层次理论是目前应用较为广泛的一种需求理论,它在揭示人类复杂的需求的一般规律性方面做出了重要的贡献,且具有直观、简洁、易于理解等优点,因而在人才激励机制、文学人物心理分析、教育教学方法探索、消费阶层划分、社会融入问题、生活满意度分析、观念变迁等多个领域都可以见到应用这一理论进行研究的成果。就本研究而言,需求层次理论证明了残疾人的需求具有多层次性和多维性,本研究将利用需求层次理论分析残疾人养老方面需求的结构和层次,帮助了解和分析不同残疾人在养老方面所具有的具体特征。

3.1.2.2 特殊需求理论

特殊需求理论源于对弱势群体的研究。这一理论认为,某一群体因为自身的某些弱势原因而与一般性群体的需求有所不同,满足弱势群体的特殊需求是促进他们平等参与社会的重要举措。目前,该理论多用于老年人、残疾人,以及其他弱势群体和特殊群体的研究中。

残疾人作为一个弱势群体,由残障因素引起的弱势地位是导致其与一般性群体不同的重要原因。与此同时,残疾人群体的特殊性不仅表现在生理性弱势上,还表现为由生理性弱势带来的社会性弱势,如残疾人的社会分层特征为职业、受教育程度、收入等方面的底层化和低层化。与一般性群体相比,残疾人在生存、生活和发展能力等方面都受到一定的限制,在基本生活、医疗、康复、教育、就业、社会参与等方面存在许多困难,其总体生活状况与社会平均水平存在着较大差距。因此,残疾人不仅是特殊群体,而且是有特殊需求的困难群体。

残疾人作为一个特性明显的群体，在具备残障这个标识的同时，还兼具年龄、性别、城乡等多重标识（姚远，2009）。在残疾人内部，由残障、年龄、性别等标识共同作用而引起的多重弱势往往又使得残疾人群体内部分化出更多的相对弱势群体，这些群体与一般性的残疾人群体相比，还有其他的特殊需求。在忽视残疾人特殊需求的情况下，残疾人的特殊困难和需求往往被普遍化、平均化的要求所掩盖，不仅忽视了残疾人与普通人之间的需求差异，也忽视了残疾人内部的需求差异。

如果说需求层次理论是在共性的基础上提出了一般人群所具有的需求及其满足层次，那么特殊需求理论则提出了个性化的需求依据。因此，残疾人的特殊需求理论也在一定程度上指明了本研究的意义所在。

3.1.3　养老方式的选择理论

3.1.3.1　理性选择理论及其修正和应用

理性选择理论（Rational Choice Theory）最早产生于经济学领域，新古典经济学家继承和发展了亚当·斯密关于理性“经济人”的假设，认为“人在社会生活中总是趋利避害，尽可能以最少的成本投入来获得最大化的效用”（周长城，1995）。这一理论包括四个前提：认为个人的行动目标是追求自身的最大利益；在特定情境中有多种选择行为，其所表现出的行为策略不同；行为人在理智上相信不同的选择会产生不同的结果；行为人在主观上对不同的选择结果的偏好顺序不同。

尽管理性选择理论最早源起于新古典经济学，但是被广泛地应用于经济学之外的研究领域。在应用的同时，理性选择理论也受到来自新制度主义学派、社会学、政治学等领域的讨论和发展，讨论的主要内容集中于理性选择理论过于浓重的经济学色彩，对许多非经济因素重要作用的忽视，以及关于理性人假设的争议。为了使这一模型更加普遍适用，来自不同背景的学者们不断对这一“精致的理想模型”进行修正，以期尽可能逼近现实生活。作为对理性选择理论的修正和应用,20 世纪 80 年代,理性选择的研究方法通过社会交换理论进入现代社会学的视野,成为将经济学的方法应用于社会学问题研究的最重要的理论之一。奥尔森(Olsen M)将这一理论应用于集体行动的分析中,贝克尔(Becker G S.)则用其分析政治、犯罪、惩罚以及婚姻和家庭生活等社会现象。

对理性选择理论的发展和运用做出突出贡献的是科尔曼(Coleman J)。科尔曼是社会学界理性选择理论的代表人物,他以理性选择理论为立足点,通过借鉴博弈理论、交换理论以及规范和法规的分析方法,发展出了"社会学的理性选择理论"(Rational Choice Perspective in Sociology,又称社会行动理论)。在这一理论体系中,他更加强调个人行动的目的性,认为行动者的行动基础是理性,最大限度地获取"效益"是行为者的行动原则,评判理性的标准应从行动者的立场来衡量。行动者的理性选择受到资源的稀缺程度和制度约束的影响,相比资源少的人,拥有资源较多的行动者更易达成目的,而制度约束会对行动者的行为造成积极或消极的影响,以鼓励或削弱其他行动(Ritzer G,1996)。在科尔曼的体系中,理性选择是微观分析与宏观分析相结合的一种理论,通常用来根据系统中行动者的行为来解释社会系统行为,并非单纯对个体行为进行解释。

与经济学中的理性选择理论相比,社会学的理性选择理论同样认可人的行动是有目的性、有意图的,其目的都是追求效益的最大化(或相对最大化)。但是,它同时也拓展了理性选择范式的解释边界,更有效地避开了宿命论和唯意志论两个极端,在现实研究中有着更为广阔的适应性。首先,它将经济学中"经济人"的理论假设发展成为"理性人"假设,改变了"完全理性"的假设前提,使假设的范围变得可宽可窄;其次,承认行动的目标不只是追求经济利益,还有文化的、社会的、情感的等多重内容;最后,承认社会、文化等宏观因素对个人目的和偏好的影响作用(文军,2001)。

在我国的社会学研究中,理性选择理论也得到了比较广泛的认可,也被本土化地应用于解释农民工参保、迁移、大学生考研、就业流向、婚姻选择等诸多行为的产生以及这一行为的选择依据。理性在这里被看作人类选择与调节自我行为的能力,这种能力使我们能够不断调整达到目的的手段,还能够使我们本身通过价值体系建立对目的自身做出判断和取舍(文军,2001)。此外,各位学者还根据研究的需要以及研究对象所表现出的不同追求目标,将"理性"具体化为生存理性、经济理性、社会理性以及制度理性等多个层次(刘金源,2002;熊波等,2009;刘军伟,2011)。然而,人的行为似乎并不都是理性的,刘少杰在理性选择的基础上又提出了感性选择和非理性选择(刘少杰,2002)。

综合来看,理性选择理论对本研究的启示体现在以下几点。

第一,理性选择理论为我们构建了一个行为依据的分析框架。对于残疾人养老,经济支持的来源、照料资源的来源、精神慰藉的来源以及其他需求满足的来源是多重的,相互之间的搭配也可以呈现多样性。理性选择理论似乎为我们提供了一个可以提纲挈领的认识,即在这些不同表现的背后,残疾人在目的性引导和客观条件制约的双重影响下,经过理性取舍而寻求一个相对最优、满意度最高的状态。本研究对于理性选择的应用,更多地体现在"理性选择"上,认为行为人是经过理性的思考之后对养老方式做出的选择。本研究所指的理性就是"追求相对最优化"的一个结果。理性是残疾人做出选择的前提,为本研究奠定了基本的理论基调。养老方式的选择是一种理性选择的行为和结果。

乍看起来,理性选择理论似乎有些不证自明,但是其中不同影响因素的作用形式是需要探求的。将理性划分为多个层次的方法也使我们意识到,理性选择理论似乎可以与需求层次理论进行结合,借以分析不同需求层次的残疾人所表现出来的理性特征,或者"理性选择"是如何作用的。因此,本研究重点在微观层次上分析残疾人养老方式选择的根本原因,即养老方式选择的制约因素是什么,如何选择行动方案,养老方式的运行机制如何，养老困境是什么等。

第二，理性选择理论强调了主体评价的重要作用。残疾人会根据自己的心理诉求和实际条件对养老方式、具体的养老方式以及各提供主体的行为做出评价和反应，并进行行动选择和行为调整。

第三，理性选择理论提供了一个微观行为和宏观背景相互整合的理论依据。科尔曼的理性行动理论用于分析个体与社会之间的关系，制度是影响人们选择的外在因素之一。选择某种养老方式作为一种行动，同样受到社会制度、社会结构等系统内因素的影响。并且，许多事实和研究也已经表明，养老方式的选择也要受制于国家利益和制度的杠杆作用（姚远，1999）。某一个残疾人所做出的养老方式的选择当然只是一种个人行为，没有相对固定的形式，实际上却在最细微之处反映了一个国家、一个社会的发展程度和包容程度，因为一个全体成员都能老有所养的社会才是一个真正的和谐社会。本研究也希望以微观的残疾人养老方式选择的个人行为作为研究的起点，借助宏观的制度背景和文化背景，来说明残疾人养老方式选择这一目的性的行动的动因，实现微观向宏观的转变，对残疾人养老问题做出规范分析。

3.1.3.2　集体选择最优化理论

集体选择最优化理论事实上是对“选择优化补偿”理论（SOC）这一“带有补偿的个人选择性最优化”行为策略的群体性扩展。

选择优化补偿理论通过分析老年人社会关系的变化，研究如何实现成功的老龄化。这一理论认为，在老化的过程中，老年人出于个人或环境资源减少的损失会从一系列事物中进行挑选，缩减先前的目标、领域或任务，或者根据自己新的要求而增加或转换活动的领域和人生目标，这就是选择；当具体的行为能力或技能丧失到一定程度并且低于正常水平时，老年人会通过寻找其他手段来补偿行为缺陷，以此来保持或优化活动，这就是补偿；优化则是通过发展或精练与目标相关的手段或资源来促使目标实现。

在有关老化的社会心理学研究中，学者们尝试利用个人表现形式的"选择优化补偿"理论向集体主义的研究延伸，用以探寻在一对配偶之间、一个家庭或一个集体中的人们是如何在公共环境的影响下共同确定目标（选择）、改善手段和提供机会（优化）、发展失利时可供选择的手段（补偿）的（林燕等，2006）。正是由于这种个体行为向集体行为的延伸，集体选择最优化理论被看作向集体的社会心理学的迈进，其应用范围也可以表现为微观水平（如夫妇）、中观水平（如家庭），或者宏观水平（如社团、组织、社会等）上。

一个完整的集体选择的过程通常是这样的：首先，为了实现某一目的（如成功老龄化），一个集体要选择短期或长期的目标，评估要达到这一目标所需要的资源，并考虑可能出现的损失和障碍；其次，无论这一目标是集体成员的共同目标，还是只是其中一人的个体目标，都需要在集体成员共同优化生存环境和日常活动的基础上才能够实现。如果集体成员都能按照这一目标行动，并且朝着这个方向努力，就会从中获得需求的满足；但是，如果个体目标和集体目标的差异太大，这个个体就会被视作异己而遭到排斥，甚至会造成集体分裂的可能。

如果说理性选择理论在个体选择行为角度为我们的研究打开了一扇窗，那么，集体选择最优化理论则从集体行为的角度为我们的研究又开启了一扇门，使我们对选择的认识更加广阔和延展。因为集体协作的重要性已经不言自明，仅从我们人类自身的发展就可以看出，在史前时期，人类之所以得以生存，不仅得益于残酷的利益和资源的争夺，还得益于他们在防御外敌、猎取食物、哺育后代方面的集体协作（石美静等，2010）。因此，在此基础上，我们更想知道这些集体行为产生的原因以及具体的行为效果。

3.1.4 养老的支持理论

有关社会支持的研究开始于20世纪70年代，最初被较多地应用于精神疾病的研究和医疗康复领域，广泛的临床经验和研究成果证明，社会支持对于精神疾病的康复有促进作用。社会支持理论被引入社会学界后，主要用于分析在社会网络中可以为个体提供支持的社会关系、社会支持的提供方式、资源在支持网内的流动以及支持网络的构建等相关问题。对于社会支持的定义也主要从社会互动、社会行为和社会资源利用这几个角度进行(行红芳,2006)。

养老问题与社会支持密切相关，然而本研究更为关注的并非某一种社会支持理论，而是一个借以分析社会支持关系的理论视角——差序格局。差序格局被看作分析社会支持关系的经典工具，它的提出者费孝通先生通过这一形象的比喻描述了我国国人的人际交往和支持方式的特点。他认为这种支持方式就如一块石子丢入湖水中，石子荡激水面产生一圈圈由中心向外荡漾的波纹，个人作为波纹的中心，所交际的范围就是波纹所波及的范围，离中心的远近则决定了与个人关系的亲疏；不同时间和地点，人们所动用的交际圈子有所不同。而以家庭为核心的血缘关系以及以此为基础形成的地缘关系就是能够造成和推动这种波纹的石子(费孝通,1998)。而在一些学者看来，我国社会结构的基础正是依靠差序格局所建立起来的社会支持体系(黄耀明等,2012)。位于差序格局中的个人实质上是一个从属于家庭的社会个体，会根据是否是直系血亲、是否是熟人关系、是否是同乡等血缘或地缘的评定，来建构自己与他人的亲密或疏远的人际关系。

有研究者提出了“工具性差序格局”的概念，这一概念包含了5个方面的内涵：其一，社会联系是以自我为中心的；其二，人们在建立社会关系时最主要的因素为是否有利可图，因此亲属和非亲属都可能被纳入差序格局之中；其三，格局中成员的价值随中心向外逐级递减；其四，位于中心的成员需加强与其他成员的亲密关系；其五，中心成员更倾向通过较为亲密的关系来实现利益目标。

无论是传统的差序格局，还是被注入现代因素的工具性差序格局，实质上都表明了人们在选择社会支持上的先后顺序和亲疏关系。本研究希望能通过这一社会支持的分析工具来探讨残疾人在进行养老支持时的判断依据。

3.1.5 养老的政策构建理论

残疾人养老支持政策的构建并不是凭空而来,需要建立在一定的理论基础之上。理论对于政策的构建主要起到了阐释必要性、解释方向性的作用。

3.1.5.1 养老问题主体论

老龄事业建设和残疾人事业建设是我国目前面临的两个重要任务。老龄事业建设的重点是解决人的发展问题和老年人问题,残疾人事业建设的重点是建立健全针对残疾人的服务体系和保障体系。人的发展包括残疾人的发展,老年人问题中的难点是残疾人和失能老人养老问题的解决,服务体系和保障体系也是残疾人安度晚年的主要保障。从社会发展角度看,残疾人养老支持政策的构建有利于残疾人和老年人权益的保障,有利于推动基本公共服务均等化的进程;从经济发展角度看,解决残疾人的养老问题有利于推动经济结构的调整和服务产业的完善。可以说,解决了老年残疾人或残疾老年人的养老问题,就在一定程度上有效推动了老龄事业和残疾人事业的发展。因此,残疾人的养老问题就构成了这两个事业建设的主体内容,残疾人养老支持政策的构建就成为社会经济发展的必要组成部分。

3.1.5.2 特殊群体特别支持论

特殊群体特别支持论与特殊需求理论紧密相连,即特殊群体需要有特别的支持政策。该理论认为,基于残疾人的特殊需求,需要专门的养老支持政策体系,提升残疾人晚年的生活质量。在进行残疾人养老支持政策的构建时,残疾人作为有特殊需求的群体应当得到特别的支持;与此同时,在残疾人群体内部,要对特殊问题和特殊群体予以特别的关注。

由此可以看出,上述两个有关养老的政策构建理论分别从政策构建的必要性以及政策构建的重点、难点角度进行了阐释。

3.2　本研究的理论应用

已有的理论对于研究的作用有三个:指导、解释和验证。本研究所选取的理论,不仅仅局限于社会学和人口学领域,也借鉴了心理学、经济学、行为科学等学科的研究成果。这主要是缘于老年问题和残疾人问题的复杂性和综合性。运用已有的理论,可以使我们站在比较高的起点,高屋建瓴。但是由于不同学科理论的出发点和侧重点不同,决定了单一的学科理论很难起到全面的解释和指导作用,需要多学科理论的联合佐证。同时,也是通过对数据和访谈的分析,对其他学科的理论成果进行验证,从新的视角分析这些理论对残疾人养老问题的贡献与不足。多学科的验证可促进理论向更深层次的方向发展。

在逻辑脉络上,养老的需求理论具有指导性的作用,它指导关于残疾人的分类,指导残疾人理性选择的目标分类,指导残疾人社会支持系统的体系分类,因此,对残疾人进行养老需求的研究,是整个文章的逻辑起点。对于需求的满足会指导残疾人做出不同的选择行为,以及在这种选择之下的养老支持的具体表现,因此,选择理论和社会支持的差序格局是本研究的逻辑展开。对养老需求、模式选择和社会支持进行研究的最终目的是构建符合残疾人需求的养老支持政策体系,因此,养老的政策构建理论是本研究的逻辑终点。

在分析层次上,首先,整体文化背景的建立奠定了残疾人养老的文化背景。其次,残疾人养老诉求、养老方式选择及相关问题的分析,即根据需求层次理论和特殊需求理论分析残疾人养老方式中的诉求和满足程度——什么时间养(when)、养什么(what)、养得怎么样(how)的问题;根据理性选择理论和集体选择最优化理论探讨残疾人养老方式的选择机制,即在哪里养(where)、为什么这么养(why)的问题;根据差序格局的分析视角探讨残疾人养老问题中的支持供给机制,即谁来养(who)的问题。最后,政策体系的构建,就是以养老问题主体论为指导,根据特殊群体的特别支持理论,紧紧围绕提升残疾人福祉的主旨构建残疾人居家养老支持的政策体系。

第 4 章

残疾人养老的需求

4.1 残疾人养老的年龄起点

通常认为,养老是指供养老人,而老年人是指60周岁或65周岁及以上的人群。残疾人作为一个特殊群体,在养老的年龄起点上是否与一般群体有所不同?这是本节要讨论的主要问题。

4.1.1 有关老化年龄的思考

日历年龄是人们用来对生命阶段进行标识的一个重要指标。日历年龄确实给人们在生命周期的某一阶段应当从事什么样的生命活动提供了可供参考的统一标准,并且可以清晰地记录一个人在时间上的存在过程,使人们在年龄的认识上便捷和直观。但是日历年龄的提出仍然在某些方面存有混乱。即便是在同一个日历年龄,人们的社会年龄也可以因为在不同的社会结构中而产生差异。San 关于修女的研究为此做出一个形象的阐释:女孩子在17岁那年进入修道院,由于缺乏了在那个年龄该有的,诸如爱人、工人、消费者等其他角色的体验,多年以后,已成为中年妇女的她们离开修道院时,在世俗环境中所表现出来的年龄仍然只是 17 岁(林燕等译,2006)。

诸如此类的现象引发了学者关于年龄的思考。在社会学的研究中,包括年龄标准和年龄分寸角色的社会系统的定义已经很具体,年龄定义的出现会影响一个企业中关于适度年龄的讨论,关于年龄的社会学的说明,不论是内容还是存在都与社会性的结构环境密切相关,年龄标准根据社会的标准而被汇总和抽象化,带有社会性质的规范(林燕等译,2006)。在人类学的研究中,年龄的问题则成了用于研究某种具体文化的隐性切入点。通过对年龄和文化的考察,人类学家提出了成熟差异理论的观点,认为日历年龄并非研究成熟或老化问题的唯一选择,而应通过考察代际间的成熟差异来确定某一成熟程度的群体在社会中所处的地位和应得的回报。例如,在黑猩猩的群体中,身体强壮、有较强控制能力的雄性黑猩猩会取得统治地位,并获得性回报和特权。在这里,黑猩猩成熟的年龄不再是一个按照年月日顺序来表示的符号,即便在日历年龄上它可能并未达到足够强壮的年纪,但是在这个猩猩家族或群体里,它用强壮的身体说明它已经成熟了。

如果说,人类学中的成熟差异理论主要用来解释在一个社会中人们成熟的标准与标识,那么,对于已经经历了从不成熟走向成熟、正在逐步走向老化的成年人来说,成熟差异理论的思想在此处似乎也可以被引申为老化差异理论:身体状况的差异决定了人们是年轻还是老迈。仍然以上文中的黑猩猩为例,它们通过强壮程度来证明自己的成熟,同样也根据身体的强壮程度来区分年轻和衰老,当原来的猩猩首领被新的挑战者打败时,就意味着它已经从曾经的成熟走向现在的衰老了——尽管在年龄上它可能还处在壮年。与此类似,格拉斯考克在他的理论体系里,将“完整无损”和“体衰”作为判断是否进入老年的标准。他认为在进入老年期前,人们是“完整无损”的,一旦“体衰”则意味着已经开始衰老(珍妮,1997)。

这种社会学和人类学的思考使我们认识到，老化实际上是一个复杂的过程，文化传统、现实特征等决定了老年期开始的年龄。不论从社会经历、社会环境、文化特质还是从身体状况来界定年龄和老化，都可以看出，年龄和衰老实质上是一个被建构起来的事物。年龄和老化的判断并不能仅仅局限于日历年龄，尤其面对一个特殊群体时，刻板而单一的年龄划分标准会掩盖这一群体的特殊需求，造成事实上的隐性不平等。

4.1.2　对残疾人养老年龄起点的认知

基于以上的分析，我们认为，关于老化和养老的界定实际上也源于一定的文化背景和认知程度。老化是生命周期中一个渐变的过程，由壮年进入老年的界限往往很模糊，多重因素决定了人们是否已经衰老，其中，日历年龄和身体状况是评判是否老化的两个重要指标。由老化的时间所衍生出的"养老"开始的时间，也可以从日历年龄和身体状况两个角度进行理解。从日历年龄角度看，是对年满 60 周岁、已进入老年期的公认的老年人的供养；从身体状况角度看，则是对已经"衰老"、丧失了部分或全部自理能力的"老年人"进行供养。

考虑到残疾人特殊的生理和心理缺陷，根据身体状况、自理能力以及需要他人的照料程度来确定衰老和养老开始时间可能更为合适。因为，养老是一个过程，这个过程的长短需要根据人的自身情况来确定。残疾人的养老是从自理能力的丧失、认为需要"养"开始，可能在日历年龄标识的老年期前就已经开始需要养老，也可能已经进入老年期但仍不需要养老。

从残疾类型来看，智力残疾人和精神残疾人老化的时间较早。智力残疾人在 40 岁左右就已经出现老化的现象，其中如唐氏综合征等患者的老化速度较快，有些重度的智力残疾人在成年以后就已经进入老化的阶段了（王子仁，2009）。

从残疾程度来看，对于残疾程度较轻的残疾人来说，由于身体带来的

不便相对较少,即便已经进入老年期,但仍认为养老是未来的事情,“现在还看不出来哪,现在这岁数还不至于,还说不好”(案例 2,QR);“现在不需要(照顾)……现在还能动,现在还能跑呢,天天早晨还去溜达,就是悠着点”(案例 8,QLZ);他们所认为的养老问题是在未来某个阶段应当考虑的“将来要说不行了,够呛”(案例 2,QR)。但是对于大部分重度残疾人来说,在未达到 60 岁时就已经需要家人大量照料了,这从重度残疾人提出的养老或服务需求主要是针对当前问题就可以看出端倪。

世界卫生组织将西方一些发达国家老年人的标准设定为 65 周岁及以上,在我国,这一年龄通常被设定为 60 周岁。这一标准对于很健康的老人来说可能是太早了,但是对智力残疾人、精神残疾人以及部分重度残疾人来说可能是太晚了。这一方面是由于残疾人的养老开始时间差异较大,难以用一般性老年人的日历年龄标准加以衡量;另一方面也是因为与一般的群体相比,残疾人的预期寿命更短,以肢体残疾人为例,男性和女性肢体残疾人在 0 岁时的预期寿命与中国普通人群的差距分别为 17.1 岁和 12.7 岁,而重度肢体残疾人的预期寿命只有 42 岁(郑晓瑛等,2011)。

在养老问题上,这些残疾人需要的或许不仅仅是年龄上的一个简单评定,还需要据此获得那些能够满足自己养老需求的社会保障、社会服务等实惠的东西。目前,北京市现有与养老相关的优待政策的目标群体主要集中为 60 岁及以上的老年人,有些优待政策甚至要到 80 岁以上才能够享受,很多残疾人因预期寿命短,甚至有些残疾人还没有达到退休年龄就已经去世,这些政策与实际需求有较大距离。在美国,唐氏综合征患者被界定为老年的年龄为 40 岁,其他残疾人被界定为老年的标准是 50 岁(Bigby,2004)。残疾人的养老年龄难以与一般群体等同,提高退休年龄可以提升一般群体的社会福利,却很可能造成对残疾人的利益侵害。因此,在我国也需要根据残疾人的具体身体状况提出适合残疾人的老化评定标准。

4.2　残疾人的养老服务需求

养老服务是我国政府应对养老压力的重要对策之一,残疾人养老服务也是残疾人养老方式中的重要内容。需求是选择的前提,残疾人对于养老方式的选择来源于自身的需求。因此,本节使用2009年北京市残疾人服务需求状况调查数据,通过分析残疾人对养老服务模式的需求、具体服务需求等内容来为探讨残疾人养老方式的选择做出数据上的准备。

4.2.1　服务模式需求

与残疾人养老服务的分类一样,残疾人助残服务主要包括三种类型。在本次调查中,居家助残服务是指服务人员入户实行"一对一"服务;社区照料服务是指残疾人离开家庭但不走出社区,在社区内接受日常照料、短期服务;机构托养服务是指残疾人在托养服务机构中接受专业人员服务。

4.2.1.1　居家养老服务的需求

在1 205名被调查残疾人中,共有1 198名残疾人有服务需求。其中,770名残疾人选择居家养老服务,占有服务需求的残疾人总数的64.27%,在三种服务模式中需求程度最高。

在性别构成上,男性占58.7%,女性占41.3%。男性中有62.78%选择居家养老服务模式,女性中有65.57%选择居家养老服务模式。

与选择其他两类养老服务的残疾人相比,选择居家养老服务模式的残疾人平均年龄低于选择机构托养的残疾人,高于选择社区照料的残疾人。

在婚姻家庭方面,选择居家养老服务模式的残疾人一半以上已婚,家庭户规模平均为4人,家庭人均月收入为573元。其中,28.05%的家庭是老残一体户,15.84%是老年残疾户,14.81%为一户多残家庭,多重残疾占6.36%。

在残疾类别方面，视力残疾人中选择居家养老服务的比例最高，精神残疾人中选择居家养老服务的比例相对最低（表4－1）。

在残疾等级方面，二级程度者最多，达到59.35%。

选择居家养老服务的主要原因是家人基本能够照料、不用离开家，且对家庭造成的经济负担较小。

表4－1　2009年北京市残疾人分残疾类别对养老服务模式选择　单位：%

残疾类别	居家服务	社区照料	机构托养
视力	70.21	19.15	10.64
肢体	70.07	16.21	13.72
智力	60.49	17.28	22.23
精神	57.38	18.58	24.04
总计	64.27	17.61	18.11

注：由于合入误差，每行合计数可能不完全为100。

4.2.1.2　社区照料服务的需求

选择社区照料服务的残疾人占17.61%，比例最少。与其他两类相比，选择此类的残疾人平均年龄最低，约为45周岁。人均收入510元，收入水平最低。家庭规模平均为4人左右，其中18.96%为老残一体户，14.22%为一户多残家庭，重残户所占比例也较高。从残疾程度和残疾类别来看，选择社区照料的视力残疾人所占的比例最高，多重残疾达到了6.16%。选择社区照料的原因是可以缓解家人负担、离家较近、能够增加社会交往。

4.2.1.3　机构托养服务的需求

选择机构托养的残疾人中未婚的比例最高，达53.92%，在生活来源上一半以上依靠社会救助。身体状况不如其他残疾人，贫困家庭更多，32.72%是老残一体户，15.21%是老年残疾户。

在残疾类别方面，精神残疾人所占比例最高，达40.55%，智力残疾所占比例也较高，达24.88%。选择机构托养的残疾人以智力残疾人和精神残疾人为主，多重残疾比例高，为8.76%。残疾程度比较严重，残疾程度二级以上的占了 85.26%。这说明精神残疾人、智力残疾人、多重残疾人和残疾程度较为严重的残疾人更易选择机构托养的养老方式。选择机构托养的原因是家人不具备照料条件,需要专业服务、康复训练、临时照看,需要增加社会交往,能够获得一定的文化娱乐服务。

4.2.1.4　三种服务需求比较

在残疾类别方面,视力残疾人选择居家养老服务的比例最高,选择机构托养服务的比例最低。相比视力残疾人和肢体残疾人,智力残疾人和精神残疾人选择居家养老服务的比例则比较低,选择机构托养服务的比例大大提升,但选择居家养老服务的比例仍然最高。在残疾等级方面,一级残疾人中选择机构托养的比例最高;四级中 90.91% 的残疾人选择居家养老服务,所占的比例最高;残疾等级为三级的残疾人中养老方式的选择比较广泛,居家、社区、机构都占据了一定的比例。

此外,通过性别、年龄、婚姻状况、家庭规模、家庭户类型、文化程度、残疾等级、经济保障水平、家庭经济收入水平以及自理能力的差别等方面的横向比较也可以发现,居家养老服务是残疾人的首要选择。

4.2.2　服务内容需求

4.2.2.1　居家养老服务内容的需求

在居家养老服务内容上,残疾人比较突出和迫切的需求主要集中在家政服务需求、医疗康复需求、个人照料需求、经济补贴需求等多个方面,所需服务以照料性和扶助性为主(图 4－1)。

在具体的服务内容上,家政服务中,打扫房间、清洗油烟机、搬动重物等这类需要一定体力的服务项目最为需要。医疗康复服务中,残疾人因面临疑难杂症确诊、医药费用高、看病不方便、治疗无效等问题,对于康复训练、健康知识指导、辅助器具的需求量比较大。其他的研究数据也表明,北京市农村残疾人对医疗的需求意愿在所有需求意愿中居于重要位置(孔祥

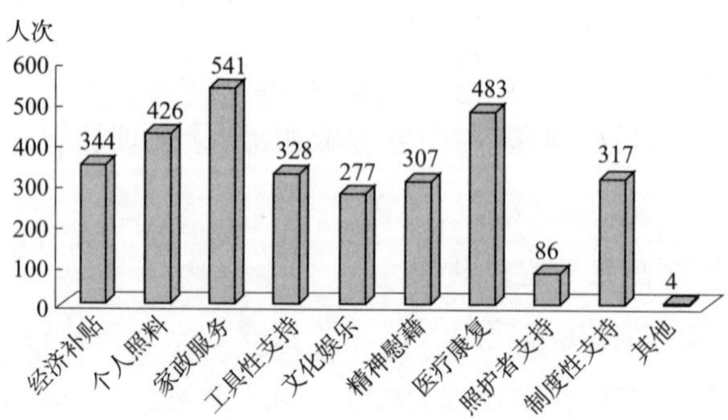

图 4－1　2009 年北京市残疾人居家养老服务需求内容

智等,2009)。在个人照料方面,残疾人对基本生活护理、临时照看的需求量较大;经济补贴是残疾人最普遍的选择,目前所表现出的问题主要为收不抵支、纯收入低等。在工具性支持方面,协助出行、代办事务、代购物品这类协助性和代偿性的服务需求量较大。在精神慰藉方面,残疾人希望能有心理辅导、有人关心。在文化娱乐方面,陪伴出游、陪同散步、读书读报这类陪伴性的服务比较受欢迎。在制度性支持方面,家庭无障碍设施的改建、紧急呼叫设备的安装,这类保证安全的服务最急需。在一些特殊需求上,希望能够得到经济待遇提高的比例最大,其次为房屋改造、医疗费用降低、提供人员照料等。

从残疾类型来看,肢体残疾人对家政服务的需求量较大;听力残疾人将辅助器具需求排在第一位,对于信息无障碍的需求也比较强烈;智力残疾人和精神残疾人对经济补贴的需求程度较高;多重残疾人在养老方式中最急需的服务是医疗康复服务。对于有医疗康复需求的残疾人来说,肢体残疾人中首选机构康复的比例较高,听力残疾人、多重残疾人中首选社区或家庭康复的比例较高。

从残疾程度来看,残疾等级为一级的残疾人将经济补贴作为首位需求,对于医疗康复、个人照料和家政服务的需求程度也比较强烈。残疾等级为二级、三级的残疾人对医疗康复的需求较为强烈,其中需求量最大的为辅助器具的配备。可见，与其他等级的残疾人相比，重度残疾人对于服务需求的范围更加广泛，也更加强烈。

4.2.2.2　社区照料服务内容的需求

从图4－2可以看出，残疾人对社区照料的服务，按需求程度排序，居于前三位的是康复训练、临时照看和文化娱乐。这些服务既涉及医疗康复层面，又涉及日常照料层面，还涉及精神文化层面，表明选择社区照料残疾人在服务内容需求上具有多样性。在社区照料的服务地点上，残疾人最希望社区服务点设在社区活动中心，其次设立在温馨家园。

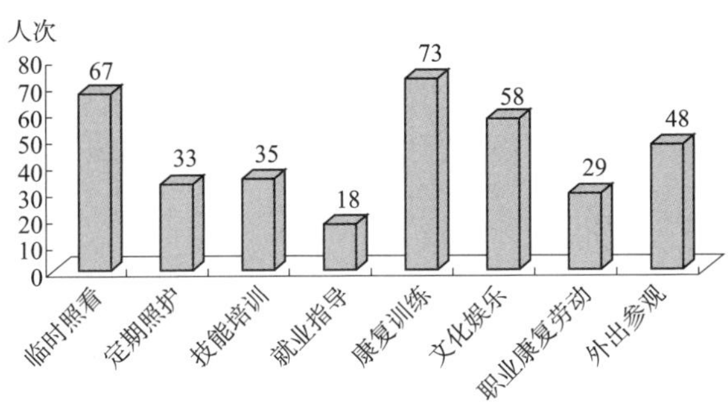

图4－2　2009年北京市残疾人社区照料服务需求内容

4.2.2.3　机构托养服务内容的需求

残疾人对机构托养服务内容的需求比较趋同，主要为获得持续的照料或接受专业的服务，另有20%左右的残疾人希望能够在托养机构中增加社会交往。40%的残疾人希望托养机构能够离家较近，费用不太高，有较好的环境和实施条件，具备一定的专业化服务水平，最好是公办或政府实行监管的养老机构。

4.2.3　残疾人养老服务需求的主要特征

4.2.3.1　居家养老服务的需求较为强烈

通过以上分析可以发现，居家服务是残疾人选择的主要生活服务模式,我们可以通过这一点进行推测:居家养老方式将是残疾人首选的养老方式。由于残疾类别和残疾等级的差异,残疾人内部对各服务需求的强烈程度不同,智力残疾人、精神残疾人、一些重度残疾人以及一些不具备居家养老能力的残疾人会选择机构托养。社会照料作为一种中介,对于居家养老方式将是一种很好的补充形式。

4.2.3.2　不同养老服务内容需求重点不同

在居家养老服务的内容上,残疾人重点选择陪伴性、协助性和代偿性的服务,其目的是在他人或其他器具的帮助下,补充自己因身体残疾而丧失的生活能力。在机构托养服务的内容上,残疾人需求的同质性更高,其重点主要是照料性和安全性,更加强调他人的照料和管护。对社区照料服务有所需求的残疾人,其服务内容更为多样,重点主要表现为娱乐性、照料性和康复性。

4.2.3.3　生存性需求占主体

从残疾人服务内容的需求状况可以看出,尽管残疾人的服务需求比较广泛,却以对生存性服务的需求为主,无论是最普遍的照料服务,还是残疾人最关注的医疗问题,都反映了对延续生命长度、保障生存需要的追求。

4.3　残疾人养老的心理诉求

养老是一个笼统的概念。但事实上,正如在统一的模式下面会呈现具体的亚型一样,每一个选择某一养老方式的残疾人,希望从中获得的满足内容和满足程度不同。

4.3.1　残疾人的养老目标

根据残疾人在养老的预期目标上呈现不同的标准,参照需求层次理论,认为主要的养老预期目标可以分为以下四种类型。

4.3.1.1　生存保障型

生存保障是人们最原始也是最基本的需求，在马斯洛的需求层次理论中，生理上的需求被看作位于最低层次的需求。对于多数残疾人来说，他们在养老目标上需求层次较低，具体表现为两个方面。

其一，需求内容有限。衣食住行是生存的基本需要，但多数残疾人仅从生理需求和生命延续的角度出发，认为“食”和“住”是首要考虑的问题，对“衣”和“行”基本没有要求或要求很少。个别残疾人因为年龄的增长和残障的原因希望能有较好的医疗条件。

其二，需求程度较低。对于有限的“食”和“住”的需求，多数残疾人认为只要能够达到“中等水平”“一般水平”就足够了，“一般水平就得了呗。咱也不要求高，能吃能喝，就行”（案例4，QAZ）；有些残疾人甚至表示其他条件都不重要，只要“能吃饱饭”就可以了，“房子又不是我的，又不用吃好的，没好的吃差点，反正现在也够吃了”（案例7，QTZ）；“我没工作，也没钱，我什么想法也没有。能吃一口饭就行了。我没有低保，只希望能够吃饱饭”（案例10，QLY）。对于“衣”的要求只是“有的穿”“别冻着”就可以，不追求时尚和漂亮；在出行上，由于行动的不便大大降低了出行的愿望。

对衣食住行的要求稍微高一点的残疾人，在饮食上希望营养搭配均衡，“我自己就算吃的稍微少一点，也得吃得质量好一点吧。别说太好吧，得有肉吧”（案例1，QW）；在住所上有必备的生活设施、温度适宜、起居方便，“起码不能太热吧，没有空调也得有电扇吧，冬天得有暖气”（案例2，QR）；“我觉得上厕所要方便，洗澡方便，自己洗衣服有晾衣服的地儿，就行了呗”（案例6，QCY）；当生病时有人照料和陪伴，“看病有人照顾，得陪着挂个号啊”（案例2，QR）。

4.3.1.2　质量需求型

在满足基本生存需求基础上，有些残疾人对生活中的其他方面也有要求，这些需求同生理性的满足相比更加宽泛，最根本的目的不仅仅是生命

的维持而是生活质量的提高。

(1)安全需求。安全是在满足了生理需求之上的另一种需要,这类残疾人不担心吃饭的问题,而是考虑如何在现实生活中保证安全的问题,“我觉得安全是一个大问题。你看她打电话也不会,教也教不会。我们这么多年,基本上哪也没去,怕有事啊”(案例14,QBH)。

(2)护理需求。与基本的医疗相比,护理不仅限于治疗疾病和减轻痛苦,还在于接受其他的服务,“咱不说吃得有多好,就说护理方面起码得有保证。我觉得老人,主要就是护理方面。好比说,定期“洗澡、剪指甲、洗衣服啦,这样的服务得跟上”(案例8,QLZ)。

(3)环境需求。对生活环境有要求的残疾人,并不停留于有住房这个层面,还要求有较好的住房条件,较好的社区环境,较齐全的锻炼健身器材,“(最希望改善)养老环境、居住环境,社会安定”(案例11,QWY)。要求居住地卫生、方便。希望获得良好的养老环境,这一诉求是对自我财产保护意识的提升,也是对生活质量的进一步要求。

4.3.1.3　精神满足型

如果说生存满足、生活质量的提高还限于物质层面的保障,那么有些残疾人对精神生活和文化娱乐也有一定的要求,有些残疾人将兴趣爱好和精神需求的满足作为生活的动力,“要再没点爱好更完了。反正人得活得有点质量,没质量就没劲了”(案例16,QLQ);希望能有一定的娱乐活动,“打打扑克,聊天就行。其他没有什么要求。我这个人生活很随意,而且想得开”(案例6,QCY);父母希望她的女儿能够加强人际间交流,“思想,能及时沟通。她也愿意跟人在一块啊……有人按时喂她吃药,陪她玩玩、下下棋什么的”(案例4,QAZ);希望走出家庭,参与社会,“我有精神需求,我想一个礼拜出去一次……我还想能不能派一个大学生来,一个礼拜来一两次,我交点钱都行。就是需要精神需求,特别需要”(案例23,QGN)。

4.3.1.4　自我实现型

对部分老年残疾人而言,养老的一个重要目标是追求晚年期自我价值的实现。"我现在想的就是,我得把专业搞得再好一点,用我学习的知识为大家所用,现在还有好多人问我该吃什么药啊,我都告诉他们,我很乐了做这个。我觉得用我所学的知识帮助别人,就得到了幸福。能为别人做点事,我觉得特别高兴"(案例 5,QJY)。

不同的残疾人具有不同的养老目标。但需要指出的是,这些养老目标并非完全单一和相互排斥,事实上有可能是相互交织、共同存在的,有些残疾人同时兼具几个养老目标,只是某一种类型表现得比较明显和突出。具体而言,生存保障型的养老目标表现得最基本,也是所有残疾人所必需的。大多数残疾人所追求的养老目标较低,只是生存的保障;少部分残疾人在此基础上还兼有生活质量、精神满足和自我实现的诉求中的某一类或某几类。可以看出,尽管与一般老年群体相比,残疾人整体的养老目标并不是很高,但也并不只是"活着"这一目标,"养老"这个词也并不仅意味着延续生命长度的"养活",还意味着提高生活质量的"颐养"。

4.3.2　残疾人的其他标识性诉求

在一般性的养老目标之外,残疾人还因残障这个标识而具有一些特殊的诉求,具体表现如下。

4.3.2.1　针对性扶助

残疾人作为弱势群体,希望能够获得针对残疾人的特别扶助。

这些针对性的扶助一方面体现在政策的倾斜性上,"老年、残疾人都是弱势群体,需要特殊的照顾。就是这些公共设施,都为残疾人提供方便,福利再好一点儿。小孩你要是照顾好了,他就长得壮,老人你要是照顾好了,他就多活几年"(案例 5,QJY)。另一方面体现为国家能够妥善安置残疾人,"如果国家以后经济富裕,能把这个包袱(残疾人养老)全部背起来那当然更好了;如果背不起来,那国家和个人合起来把这件事办好"(案例 14,QBH)。

这种针对性的扶助不仅是从经济和物质上对残疾人养老的一种保障，同时也让残疾人感觉自己是受到社会和国家关心的。

4.3.2.2 经济性补贴

经济因素是养老方式中的关键因素和中介因素，而残疾人大多在经济条件上不理想，因看病就医等更增加了经济负担，因此，许多残疾人都在访谈中表示了对经济状况感到不满、希望能够增加补贴的愿望，“提高点福利咱们老年人就知足了。我们都省着点儿，增加点儿残疾券、补贴，因为生活困难嘛”（案例13，QJW）。在经济补贴上，有专门针对智力残疾的智残人养老保险，因此从访谈内容上看，智力残疾人对经济补贴的需求不如其他残疾人群体强烈，但希望在补贴的额度上能有所增加。

除了对残疾人提供的经济上的补贴，一些残疾人也希望能够通过工资待遇的提高、均等化的政策来增加自己的收入。一方面，残疾人和普通人在收入上的均等，“希望残疾人也能跟正常人一样，三年两年涨一次工资，不能老停留在1 615元的水平上吧”（案例14，QBH）；另一方面，退休前与退休后在收入上的均等，“我所希望的就是，老人逐渐走向老年，以前，我们参加工作40多年，这个政策应该倾向于老年人。为什么呢，现在的退休人员工资和在职的差了一倍，我们退休工资才两千多元。我也是国家干部，应该和在职的人拿一样的工资，不能搞两种待遇”（案例12，QCY）。

4.3.2.3 便利性设施

残疾人因为身体的不便对于居住场所和活动场所的便利性诉求更为强烈。

居住场所上的便利性主要包括两点：一是楼宇内和家庭内部添加无障碍设施或进行无障碍改造，“楼道应该改建一下，建个电梯，能够坐着轮椅下去啊。她住了两年多医院，回家以后就没下过楼，因为没办法下去啊。她一百多斤，我背不动她啊”（案例12，QCY）；二是希望可以选择较低的楼层，方便出入。

活动场所上的便利性包括希望医院或社区服务中心能够距离居住地较近，医院、商场、活动中心等场所能够考虑到残疾人的需要安置无障碍设施，增加走廊、过道的宽度，便于轮椅出入，减缓台阶的坡度，使残疾人在无人陪伴的情况下也能较为自由地进出。场所出入的便利性是残疾人基本公共服务当中的重要内容，设施的完备与便利也是残疾人养老问题中应当着重考虑的内容。

4.3.2.4 和谐性人际

代际之间的和谐、友情之间的维系、邻里之间的互助、社区与街道的关心，这些虽然不是物质性的“实在”诉求，但有些时候，残疾人对这些精神性的“虚在”诉求更为强烈。

老人很落寞地表示，尽管二女儿在物质上给予她极大的满足，但是她仍然感到很不顺心，“这衣服都是她(二女儿)买的，裤子、被子，我自个儿买的很少，都是她买的，是挺孝顺的。但是我跟您说，现在只有孝，没有顺。什么叫孝呢，你缺什么我给你买什么，你要是想让她顺着你说话，没门儿”(案例1，QW)。她更希望获得的是与女儿之间亲密的交流、精神上的关心，为了不和女儿再产生其他的冲突，她甚至还动了要和女儿断绝母女关系的念头。

有的残疾人对邻里之间的人际关系感受更为强烈，“我砸电视啊，打人啊，街坊老说，街坊也歧视我”(案例19，QXM)。从言谈中可以感受到她对邻里间和谐关系的渴望。

而有的案例则反映来自社区和街道的及时关心帮助，会弥补残疾人部分需求得不到满足时的失落感，甚至提升残疾人的满意程度，“主任对我们可照顾了，我们刚丢了车，这个车也是主任帮我们找人给的。没有车时，主任派了好几个人帮我们买菜，说有什么事情就说话，就帮我们，只要和街道打声招呼就帮我们。买菜给我派了两个人，问我需要什么菜……总之，街道对我们非常关心，所以我们非常幸福”(案例17，QFL)。

可见，和谐的人际关系这种“虚在”诉求其实也是实实在在存在着的，亲密和谐的人际关系能够提升老年人的依靠感和安全感，来自周围环境的精神支持和心理关怀还可以在一定程度上弥补物质上的缺失。

通过对残疾人养老心理诉求的研究可以发现，残疾人的养老目标普遍较低，不同的残疾人在养老目标的追求上体现出差异性，多数只是生存保障性的需求，有对生命质量的追求，但还不普遍。此外，在养老目标之外，残疾人的部分需求是与残障标识密切相关的，在进行残疾人养老问题的对策研究时应予以考虑。

第 5 章

残疾人的养老方式

5.1 残疾人养老方式的选择

作为一种行为，残疾人养老方式的选择受到主观需求和客观条件的双重影响。主观需求影响着人们的判断，但并不意味着一定能够实现。因此，本研究从主观与客观交互作用产生的行为角度出发，对于养老方式的研究使用“选择”这一概念。

选择，是人类对自己实践经验的概括和抽象，是对客观世界认识的结果。马克思认为，人的选择具有主观能动性，但是也不能背离客观必然性，选择具有社会制约性和条件性，“如果他要进行选择，他也总是必须在他的生活范围里面、在绝不由他的独自性所造成的一定的事物中间去进行选择”。必然性在其发展过程中会呈现多种可能性。在必然性基础上产生的多种可能性，就是人的选择的前提和基础。因此，对于养老方式的选择意味着老年人通过比较，基于需求状况，在条件允许的情况下的择优过程，是主观与客观综合作用的结果，是多重考虑下相对最优化的结果。既然是基

于客观选择的结果，就有主动选择和被动选择之分，最后做出的选择结果可能并不是残疾人心目中的首选，但是一定是可以兼顾目前生活条件各个方面的相对最优化方案。

因此，残疾人对养老方式的选择不仅是一个简单的“好”或“不好”的问题，而是在养老目标的指导下，对包括养老场所、养老照料资源、养老经济支持等问题在内的综合性、整体性的衡量。

5.1.1 主要养老场所的选择

养老场所是残疾人接受服务和支持的基础，是为残疾人提供养老服务的平台。养老场所的选择也在根本上决定了残疾人养老方式选择的类别。

5.1.1.1 永久居家型

家庭，作为一个由血缘和姻亲关系建构起来的社会单位，自古以来就是人们极其重要的生活场所和养老场所。无论是中国传统的家庭养老方式，还是逐渐兴起的居家养老方式，家庭都在其中扮演了十分重要的角色。对于多数残疾人来说，由于缺乏社会保障和社会参与，家庭更是在其生命过程和养老保障中有着不可替代的作用。家庭之于残疾人，不仅意味着人际关怀、相互扶持和情感交流，更意味着生活安全、生存扶持和生命满足。正是基于这些原因，多数残疾人会选择家庭作为首要的甚至是唯一的养老场所。

残疾人选择将家庭作为唯一的养老场所主要出于两方面的考虑：一是认为家里环境比较熟悉、生活比较方便自由；二是担忧在个性心理上和生活习惯上难以适应机构托养的生活。作为已经步入中高龄的老年残疾人，QW 老人和 QJY 老人是在养老场所上选择永久居家的典型代表。QW 老人一提到进入养老机构养老就连说“不行”（案例 1，QW），而 QJY 老人也表示“坚决不去养老院”（案例 5，QJY）。

选择永久居家的残疾人通常具备一定的经济条件，身体状况相对较好，在他人的帮助下可以进行正常的生活，个性比较独立或者在生活上有比较高的要求。对家庭环境的眷恋和对非家庭环境的排斥，以及相对易得的养老资源使他们不仅在主观意愿上，也在实际选择中仅能接受永久居家的形式。

5.1.1.2 机构延续型

对于多数残疾人来说，永久居家是一种意愿，但在实际生活中能够实现的概率很小。一方面，因为居家养老对残疾人的自理能力或照料资源要求较高；另一方面，因为居家养老在服务的供给上确实存在着一定的局限性。因此大部分残疾人通常将机构作为家庭之后的备选养老场所，当由于各种原因导致居家养老无法持续或无法承担时，将会选择进入机构养老，形成了居家养老与机构托养相结合的形式。

而决定残疾人的居家养老方式是否能够持续的最主要因素就是照料的获取情况，具体表现形式有两种：一是残疾人身体状况恶化或年纪增长，家庭成员不具备照料条件或提供其他照料资源的能力，而自己选择入住托养机构，“要是没有大毛病，那还是在家吧。是不是？等你自理不了的时候就得进养老院了”（案例7，QTZ）；二是智力残疾人或精神残疾人，其父母在身体状况恶化或去世后，不得不选择将子女送进托养机构养老，“我考虑过啊，我们百年之后由国家来养她”（案例4，QAZ）。

这种将家庭与机构相结合的选择已经跳出了家庭的局限，但仍然反映了我国残疾人的家庭文化情结。一方面，中断居家养老而选择机构养老只是残疾人的一种无奈选择，他们对家庭和家人仍然有极强的留恋，若不是在原有的养老场所里生活质量会降低、生命安全可能会受到威胁，他们不会轻易选择离开家庭，“两个人啊，免不了谁提前走了，万一早走一个，剩下另一个人就没法过了，就没法生活了……就得去机构了”（案例2，QR）；另一方面，家庭成员，尤其是父母会对子女的养老做好细致而长远的安排，“当然是送到机构里，就是残疾人的敬老院少。只要她不能动了，就进那里，能动了她姐姐照顾她。现在我还行，如果有这样机构就更好了，肯定我要死在她前面，谁家摊上这么个孩子都得考虑怎么办”（案例25，QDX）。

5.1.1.3　机构托养型

在一些残疾人将机构作为一种无奈的选择的同时，也有部分残疾人主动选择入住养老机构。与居住在家庭中相比，托养机构最大的优势体现在能够得到服务人员的持续照料，“机构能关心照顾”（案例3，QT）；有效地保障残疾人安全，“我认为到了年龄应该把这些人收起来，进机构，在家里弄不了。这跟正常人的家庭养老不太一样，正常人多少还有一点儿劳动能力，大的能力没有，小的多少还有一点儿，还有部分子女。像他们这样的人呢，可能就没有自理能力了，靠老人靠不上，兄弟姐妹靠不上，靠自己又没这个能力。怎么办呢，我认为得建立机构”（案例14，QBH）。

对于选择机构这一养老场所的残疾人来说，在家庭难以满足养老需求的情况下，即便社区或其他社会组织可以提供进入家庭的照料服务或接受残疾人的日托服务，一些残疾人仍然会选择进入机构养老。造成这种选择的原因是多方面的，既有残疾人自身的原因，如在情感上不愿接受别人的上门服务、希望得到更好的照料条件等；也有外界服务的原因，如服务时间短、种类少、灵活性不足、服务人员素质不高、难以满足残疾人的需求等。

这些选择入住托养机构的残疾人在养老场所上已经走出家庭，但是强烈的家庭文化情结依然在无形中起着不可忽视的作用，对家人、家庭和本社区的眷恋仍然体现得比较明显，多数残疾人希望能够入住离家比较近的养老机构，最好不离开本社区或本街道，“当然要上养老院，得离家近点儿。有的远点儿的养老院还能住进去，近点儿的住不进去。养老院建的太少，月坛那边有，展览路这儿我还没听说有”（案例8，QLZ）。这一方面是残疾人不想脱离熟悉的生活环境和原有的社交网络，另一方面也是因为居住在家庭附近可以及时获得子女或其他家庭成员的帮助，“当然离家近一点儿啊……要有什么事，我好给女儿打电话，她得来照顾我啊”（案例6，QCY）。

5.1.1.4　社区补充型

社区作为残疾人生活和社会参与的主要场所，也有残疾人表示会选择将社区作为家庭的补充，利用社区内的服务弥补居家养老的不足。但无论是数据分析还是访谈结果都显示，选择将社区作为一种养老方式，在社区内接受日托服务、喘息服务、长期或短期照料服务的残疾人相对较少。社区作为家庭和机构之间的桥梁，更多地体现为服务的依托场所，目前还很难称得上是具体的养老场所。同时，作为一种新型的养老方式，社区照料的模式还不为许多残疾人和老年人所了解，而目前相应的配套措施不够完善，也给残疾人和老年人获取社区照料服务造成了一定的困难。因此，就目前情况来看，多数残疾人并不将社区作为养老场所的选择对象之一。

可以看出，家庭和机构是残疾人养老的两个主要场所。除明确提出居家养老和强烈的机构托养意愿的残疾人外，多数残疾人会根据身体自理程度分两个阶段进行养老场所的选择。

5.1.2　照料资源的选择

从上文的分析中可以看出，残疾人对于养老场所的选择与养老照料资源的获取有着密切的关系，这主要是由于照料资源的来源和理想的照料资源的获取程度是残疾人进行养老场所选择的重要依据。

随着家庭医学的发展以及居家养老、社区照料和机构照料的兴起，照料资源已经不再局限于家庭，而是不断向社区和社会拓展。根据照料者的属性进行区分，养老照料和服务资源可以分为家庭照料资源、社区照料资源和社会照料资源三大类。家庭照料资源主要包括配偶、父母、兄弟姐妹（及其配偶）等具有血亲、姻亲关系的养老照料资源；社区照料资源主要指由居委会、社区负责组织提供的包括饮食、照料、康复、日托、心理疏导等在内的养老照料服务；社会照料资源主要是指由社会成员、养老服务机构以及其他营利或非营利性质的社会组织提供的志愿者、保姆、小时工、节假日陪护、喘息替代服务等养老照料资源。

5.1.2.1　家人主导型

（1）配偶。家庭目前仍然是我国城镇老年人获取非正式照料资源的主

要场所(张钧、郑小瑛,2010),家庭成员作为残疾人照顾的主要承担者,所提供的照料和服务更丰富也更持久(吕红平,2008)。在家庭成员中,配偶的作用更加重要,可以带给残疾人亲近感、安全感和归属感,他们是残疾人日常照料的主要提供者,是医疗护理中最主要的陪护者,也是残疾人社会参与和日常生活的交往者,在为残疾人提供衣食住行等物质层面帮助的同时也提供精神慰藉和情感支持。配偶也因此成为多数残疾人在照料资源上的第一人选。

残疾人与配偶之间是相互扶持和补充的关系,因为有长期的共同生活,了解彼此的生活习惯、生活方式和照料需求,残疾人对配偶提供的照料依赖性也很强,当相互照顾的夫妻双方中有一方去世时将会对存世一方的生活造成极大的负面影响,“两个人里面走一个,太可怕了……买东西买不了,看病出不去,就完啦……你想想,两个人不可能同时都在啊,万一有一个一前一后的话,那就惨了”(案例 2,QR)。这种担忧不仅是照料资源的突然丧失,还在于情感支撑的突然垮塌。案例 11 中 QWY 的老伴独自照顾她 17 年,案例 12 中 QCY 的老伴照顾了她 13 年,几乎承担起照顾衣食住行和精神慰藉的全部责任。案例 27 中的 QDD 则坦言,如果不是因为妻子不离不弃的照料和情感上的支撑,他很可能在残疾初期就选择了轻生。

(2)父母。费孝通曾经提出,我国家庭的亲子关系是反哺式,子女对于赡养父母具有不可推卸的责任。但这一亲子关系在残疾人家庭中显得并不适用:父母是未婚或目前没有配偶且残疾程度较重的残疾人,以及智力残疾人、精神残疾人最主要的照料者。在多代残疾的家庭里,若父母的残疾程度低于子女的残疾程度,作为子代的残疾人不但难以为父母提供照料,还要接受来自父母的日常照料。案例 10 中的 QLY 是一级视力残疾,作为一名老年残疾人,他还需要照料因车祸致残、生活不能自理的儿子,“这两年我就看不见了,去医院医生说,好就好了,不好就算了。我做完了,第二天看不见，第三天看见了，也能走路了，没事就照顾我儿子”（案例10，QLY）。

（3）其他亲属。配偶和父母作为残疾人最近的亲属，通常是照料的第一人选，但是当残疾人的配偶或父母的身体状况难以满足照料需求或去世，但又希望居家养老时，有些人会选择一名自己的亲属作为照料者。案例5中的QJY最希望自己的儿女能够照顾自己，但是考虑到儿女们工作都很忙、住得比较远，他退而求其次选择在其他亲属中挑选一个人来照顾自己的生活。但是，这种照料关系与配偶和父母提供的照料不同，要建立在一定的交换基础之上，“比方说，我用谁，都得付出代价……所以说，要是现在选一个，那就是，给钱。侄子、外甥也好，人家也有家庭，也得生活，也得照顾，照顾你就干不成别的了。所以甭管怎么着，变相地也得给点儿，怎么说不能亏待人家”（案例5，QJY）。

在这三类服务资源中，从提供的主体来看，配偶和父母是义不容辞的责任人，是对残疾人造成的心理压力最小的照料资源，也是需要残疾人付出回报最少的照料资源。子女曾经是赡养父母的主要承担者，但是在现代社会中，子女因工作较忙、居住距离远、需要照顾自己的孩子等原因，已经很难成为持续的、主要的照料提供者，“现在想让子女帮忙也没用，实际帮不了。他们两个人上班，还有孩子，帮不了”（案例12，QCY）；作为父代的残疾人大多因心疼子女等原因也很少选择子女作为自己的照料者，因此，就访谈结果来看，残疾人的子女基本上疏离在父母的照料资源之外，“让子女照料，我不敢想，因为他们也有工作”（案例12，QCY）。

兄弟姐妹因各自有自己的工作和家庭，其照料义务感和责任感也较低，案例4中的QAZ有一个弟弟，但是她的父母认为由弟弟来照顾她几乎没有可能，“别人指不上，谁管她啊，管也管不了她啊”（案例4，QAZ）；有的亲属则表示要照顾残疾的兄弟姐妹是有心无力，“我们心里也想，要是他需要照顾我们也愿意照顾，只是心有余而力不足”（案例8，QLZ），“要照顾残疾的妹妹，我还失业了，还要出去找工作。我也有家，住得远，在西四环那

边。今天早上不到七点出来的，八点到的”（案例15，QXC）；至于其他亲属，因血缘关系较远、不存在抚养与被抚养的关系，多数不认为自己有义务照料或供养残疾人，“他们是平行的，不存在抚养的关系”（案例14，QBH）；从照料资源提供的客体角度看，有些残疾人及其家庭在观念上认为“求人不如求己”，不愿意去麻烦别人，认为求人就低人一头，宁可自己多吃苦受累也不愿去麻烦别人、求助于其他亲属，“都靠不住，求人不如求己，老伴出了交通事故，一分钱都借不来，我自己扛过来，我不爱求人，求人就低人一头”（案例11，QWY）。

基于上述原因，在家庭照料资源中，由于来自配偶和父母的照料更加持久、稳定、充足、回报少，对残疾人养老需求的满足程度较高，因而成为多数残疾人养老照料资源的首选。

5.1.2.2　社区支持型

社区作为一个综合性的群众生活基础机构，能够为残疾人提供的服务更正式也更广泛，除社区工作人员为残疾人提供的照料服务之外，还包括文化体育服务、生活帮扶服务、卫生保健服务、治安调解服务、工具性支持、照护者支持、制度性支持等多个方面。因需要花钱购买或由非家庭成员提供，社区作为一种照料资源，其“服务”的特征更加明显。

目前将社区作为一种照料资源的残疾人数量还比较有限，多数残疾人希望从社区获得的是医疗服务，“有什么事一打电话就行，有的社区已经有了，我们社区还没有。还有社区医生、社区医院……万一有病，打个电话，让社区医生上门看一下，就省得去医院了。有时候家里没人，就一个人，那就麻烦了”（案例8，QLZ）；辅助器具服务，“跟他说话特别费力，听不见。后来我们就拿两千元钱买了个助听器，所以我觉得在残疾人的福利上，社区能不能想办法改善一下”（案例13，QJW）；家政服务，“做做饭，洗洗衣服，现在都是我自己做”（案例3，QT）。

与来自家庭成员的照料相比，来自社区的服务比较规范、应急性较好，但服务项目和服务时间完全由社区决定,残疾人处于被动接受的地位。因此,多数残疾人仅将社区提供的照料和服务作为一种家庭成员之外的补充性的照料资源。

5.1.2.3　社会补充型

(1)保姆。研究表明,保姆在城市大多数家庭中扮演着极为重要的角色,在高龄老人和患病老人家庭中,其作用更不容忽视,甚至在一定程度上日益接近“核心角色”(姚远,2005)。对于独居或重度残疾的老年人来说,保姆几乎承担起残疾人日常生活的全部内容;而对于一户多残或老残一体的家庭,保姆则是缓解家庭成员照料负担的重要人选,“为什么要雇保姆呢,就是我能轻松一下,总这么弄,我受不了,七十多岁了”(案例 12,QCY)。

(2)小时工。雇用保姆的费用较高,一些残疾人退而求其次雇用小时工来照料生活,“现在咱们北京请保姆就得两千元钱,要的工资高,还挑剔……我现在请的是个小时工,包一个月,一天三个小时,上午两个小时,下午一个小时”(案例 1,QW)。

(3)邻里朋友和志愿者。由于雇用保姆和小时工都要产生一定的费用,因此对于经济条件不够理想的残疾人来说,邻居、朋友以及不需要费用的志愿者更加受欢迎。但这只能是一种补充性的照料资源,很难成为照料提供的主要群体。

(4)专门的服务人员。专门的服务人员包括各种社会组织里提供家庭服务的服务人员和养老机构里的服务人员。前者与保姆、小时工和志愿者有重叠部分,不再讨论。后者在残疾人的印象里通常会被笼统化为“国家”或“政府”,如当问到“如果就剩您自己了,您希望谁来照顾您?”时,QR 老人回答“那就是国家啊,国家多建敬老院啊,或者养老院”(案例 2,QR)。事实上,在机构中养老并不等于国家养老,也并非由国家免费提供照料资源。

现代化生活方式带来了服务资源的变化，单纯的某一类型的养老照料资源已经很难满足残疾人的需求。无论是选择哪种养老方式，对照料资源的选择都不再是单一的，而是多样化或综合性的。以上分析表明，对于选择居家养老方式的残疾人来说，在养老照料资源的选择方面，家庭成员特别是配偶和父母是依靠性的，是首选；社区服务以及社会服务当中的保姆和小时工是支持性的，在选择排序中居于第二位；志愿者、邻居朋友等社会服务资源是补充性的。因此，根据不同照料（服务）资源的搭配，选择居家养老方式的残疾人的养老照料资源表现为四种类型："完全依靠亲人"型，"依靠亲人+社区支持"型，"依靠亲人+社会补充"型和"完全不依靠亲人"型。对于选择进入养老机构的残疾人来说，家庭也是残疾人无法脱离的文化符号，即便进入机构后也希望在需要时子女能够提供帮助，形成"机构养老+子女应急"的模式。

5.1.3 经济支持的选择

经济问题是残疾人最关心的问题，养老费用的来源也是老有所养的核心问题，经济支持来源的稳定性和持久性会对残疾人养老的物质生活和精神生活构成较大的影响。自己、家人和政府是残疾人经济支持的主要来源，根据在残疾人生活中所占的地位不同，残疾人的经济支持可以分为四种类型。

5.1.3.1 自我支持型

这类残疾人通常在经济条件上收入较高、负担较轻，在心态上比较乐观自信，认为在经济上不需要依靠其他人的支持就能满足养老需求、实现养老目标。访谈中，QCY 就表示依靠自己的退休工资完全可以过一个舒服的晚年，"那当然靠自己啊……钱，多就多花，少就少花"，也并不寄希望于其他的资金补贴或资助，"没考虑过。凡是属于我的，我肯定得拿，如果不是我的，我也不去争。你说这东西就是送给我的，那我肯定就拿走。要说这东西不是我的，我都不动"（案例 6，QCY）。

5.1.3.2 家庭负担型

若残疾人需要雇用保姆和长期服药，经济压力相对较大，仅依靠自己的收入养老是比较艰难的，需要子女负担一部分费用。QJY老人每个月有1 800元的退休工资，这笔收入对他自己的生活来说是绰绰有余的，但用来雇用保姆则显得比较拮据，因此他雇用保姆的费用就要子女来负担，“我的工资都拿出来还不够。雇保姆这笔钱，就得儿子、闺女出。我这点儿钱啊，根本就不够。现在一个保姆一个月就得两千元，还得吃”（案例5，QJY）。

对于没有经济来源或者收入很少的残疾人来说，家庭成员的供给更为重要。家庭成员，尤其是配偶的去世会对其经济生活带来直接负面影响。

5.1.3.3 政府补缺型

尽管访谈中的残疾人多数经济来源比较稳定，数据资料也显示大多数残疾人有自己的退休工资，但是仍然有许多残疾人表示“钱不够用”。因此，许多残疾人希望政府能够对自己或自己的家庭进行补贴，以改善自己的生活状况，“我们现在这个钱肯定是不够的。除了她哥儿几个还给点儿以外，我们在生前给她留一点儿，国家给一部分，我们自己再添一部分”（案例14，QBH）。这部分残疾人对于国家提供的补助有比较清醒的认识，并不是对国家的补助无限制依赖，而是首先依靠自己，然后是国家补充。“我是那么想，先能自己出的就自己出，实在不行了，国家再出。自己有退休金，要国家钱干吗”（案例8，QLZ）。

5.1.3.4 政府包揽型

另有小部分残疾人希望政府能够对自己的养老提供完全的经济支持，“国家给出啊。两个人啊，免不了谁提前走了，万一早走一个，剩下另一个人就没法过了，就没法生活了。买东西买不了，看病出不去，就完啦。想住机构，经济不行啊”（案例2，QR）。没有经济来源的残疾人对政府提供经济支持的要求就更加强烈，“应该是国家给解决吧。不是有低保嘛，我现在不用，要是老头百年以后，我就得吃低保了”（案例3，QT）。北京市推行的智残人士养老保险,在一定程度上体现了政府包揽的色彩,“现在不是残联给她,以后等于残联全掏了。缴费十五年,就给她养老金了”(案例4,QAZ)。

综合来看,“政府补缺”是残疾人对养老经济支持的最主要也是首要选择。希望完全自我支持,依靠子女、配偶,或者全部由国家负担的情况,在残疾人中所占比例都不是很高,更多的残疾人希望在依靠自己退休金的基础上能够享受到一定程度的政府补贴以提升晚年的生活质量。与选择居家养老方式的残疾人相比,由于入住养老机构的费用较高,选择入住养老机构的残疾人更希望能够通过政府的支持来解决自己养老费用不足的问题。

5.2 养老方式选择的心理表现

在养老方式的选择上,残疾人的心理活动是不同的,根据其具体表现形式,可以分为以下几类。

5.2.1 未雨绸缪型

这类残疾人通常在经济和照料来源上都已经做了充足的准备,面对各种问题都已经做好了打算,不担心未来的养老问题,“现在就是考虑将来怎么办。现在北京市对残疾人政策越来越好,越来越完善,我们天天看报纸,看到特别高兴,北京市的各种政策都走在全国的最前列。但是我还有个意见,就是今后的问题,现在我们老两口儿没有什么问题,不行还可以请保姆,请小时工”(案例24,QRB)。

5.2.2 随遇而安型

一些身体状况尚好、经济基础较好、心态比较乐观自信的残疾人认为没有必要在现阶段就急着做养老的打算,“我活到什么时候还不知道呢,想那么多干吗呀。就是活一天高兴一天,乐一天就完了呗”(案例6,QCY)。周围环境的和谐友善也会在一定程度上减轻残疾人养老的心理压力，“我们大院、居委会都挺关心的，有政策解决后顾之忧，慢慢会健全的”（案例 25，QDX）。

5.2.3　紧张焦虑型

在养老方式的选择上充满焦虑的残疾人主要是因为缺乏照料资源和经济保障，“养老问题，可以说现在成了我的一个精神负担了。你比方说，现在我能走，我需要保姆，我还可以自己走到保姆站去找，等我自己走不了了，怎么办”（案例 5，QJY）；在与配偶感情不和的情况下，父母的离世将造成重度残疾人经济来源和照料支持的中断，“我就怕我妈百年之后，我们没人管了。因为我和我丈夫关系不和，他也肯定是要走的，剩下我们娘俩相依为命，简直就没法过了。我妈 77 岁了，她一生病我就特别着急，她万一病故了，我就害怕了”（案例 20，QDL）。

5.2.4　消极回避型

另一种没能做出选择的残疾人则是因为现实状况不好、不知自己能获得什么样的养老方式、对未来养老无法把握，“那到时候再说吧，现在变化多大啊，那时候什么样谁也不知道”（案例 7，DTZ）；“等不能生活再说吧，走一步算一步吧”（案例 10，QLY）；不知国家能够提供什么样的养老条件而无法确定将来的养老安排，“国家有条件才行。没条件，要求能要求过来吗？国家给什么就要什么”（案例 3，QT）。这样的残疾人通常比较消极，认为即便做出选择，依照现在的条件也难以实现，“只能走一步说一步了，那怎么办？她一时半会儿死不了。你说送医院，我们也花不起这个钱”（案例 26，DGR）；与随遇而安型的残疾人相比，他们在养老问题上更被动，“没想过，这么说吧，还不知道哪天死哪天活呢，赶上什么时候就什么时候吧。他们怎么说我就怎么办”（案例 28，QFS）。

残疾人因为自身的弱势特征，在养老方式的选择上的确存在着一定的

困难,部分残疾人在未能与家人协商之前很难为自己的养老做出安排、确定适合的养老方式,多数停留在需求的阶段而难以化为现实。

5.3 残疾人养老方式选择的主要特征

5.3.1 养老场所选择上的家庭亲近

中国人的家庭观念乃至血亲价值的文化背景,具有极强的渗透力,使残疾人养老场所的选择体现了极强的家庭亲近性。其一,在养老场所上,残疾人对家庭的认可程度更大一些,家庭是最主要的养老场所;即便是选择机构,多数也是在身体行动不便且无人照料之后才选择,将机构作为家庭的衔接和替代。其二,在托养机构的地点上,残疾人更倾向于能入住离原来生活的社区和家庭较近的养老机构。

5.3.2 照料资源选择上的差序格局

在照料资源的选择上,残疾人体现了比较明显的差序格局。按照亲近程度格局进行排序,照料资源可以分为家庭、社区、其他社会成员这几类,每一类下面还可以有具体的细分,残疾人对于照料资源的选取大致遵照"家庭成员—社区服务—保姆和小时工—其他社会成员"的顺序,从最亲近的家庭成员向较为疏远和抽象的社会成员逐层扩展,也因此而形成"依靠性—支持性—补充性"的照料格局。

但需要指出的是,在这个差序格局中,子女是其中的一个例外,尽管子女是位于家庭成员这个层次,并且与残疾人有着极为亲密的血缘关系,但是不论在照料上还是下面将要讨论的经济来源上,残疾人对子女的依赖程度都比较低。社会成员中的保姆和小时工因为能为残疾人提供较长时间的照料在一些研究中被视为家庭成员。

5.3.3　经济支持选择上的外拓形式

与照料资源选择上的差序格局不同，残疾人在经济支持上更希望由距离更远、抽象度更高的国家或政府来提供，而较少通过向子女、亲属寻求帮助，是一种向家庭之外扩展的外拓形式。一方面表现在残疾人希望国家能提供足够的养老资金；另一方面表现为在养老选择不确定的情况下希望由国家为自己进行安排，在康复、医疗等方面，对政府的依赖性极强。

5.3.4　精神支持选择上的隐形内化

在养老方式的选择中，一些残疾人明确提出了经济支持和照料支持的来源，也表示有精神需求，但少有人提及对于精神支持来源的选择。这说明对于残疾人来说，精神支持是一种隐性的需求，残疾人对它的认识不足，同时也说明残疾人在精神问题上对外界要求较少，更倾向于自我解决，“那个找乐属于自己的事，自己性格的问题”（案例2，QR），“不用，我自己会找人聊天”（案例6，QCY）。

5.3.5　养老方式选择上的理性分析

残疾人对于养老方式的选择，并非基于单纯的主观意愿，而是一种在现实条件综合性考量基础上的理性分析。能否独立生活、是否有照料资源、经济条件是否许可等是残疾人选择养老方式时要着重考虑的要素。在家庭文化因素的影响下，残疾人将居家养老作为主要选择，当家庭成员具备照料能力时，这种选择得以实现；当家庭成员不具备照料条件或需要专业服务时，残疾人更倾向于选择机构养老方式。

5.4　残疾人养老方式选择的作用因素

由于目前缺乏关于残疾人养老方式选择的全面数据，本部分尝试使用

2009 年残疾人服务需求调查数据,从个体因素、家庭因素、经济因素、残障因素等角度对残疾人的养老服务模式的影响因素进行分析。

由于机构和家庭是残疾人选择的两个最主要的养老场所,同时也因为目前选择社区照料这一养老方式的残疾人数量有限,因此,本研究将在以居家养老为主要研究对象的同时将机构托养模式作为对比。考虑到数据分析的局限性,笔者会在分析的过程中使用访谈资料对数据结论进行佐证、修正或补充性说明。变量的特征和描述见表 5 – 1。

需要指出的是,基于数据本身所能展示出的内容来看,本研究将影响残疾人养老服务模式的因素归纳为个体、家庭、经济和残障四类。为了不

表 5 – 1　变量的特征和描述　　N = 1 198

		变量名称	变量类型	变量描述
因变量	养老方式	居家养老	二分虚拟变量	1 是;0 否(参照组)
		机构托养	二分虚拟变量	1 是;0 否(参照组)
	个体因素	性别	二分虚拟变量	1 男性;0 女性(参照组)
		年龄	连续变量	平均年龄为 47 岁
		文化程度	虚拟变量	不识字、未上过学;小学; 初中;高中、中专; 大专及以上(参照组)
自变量	家庭因素	婚姻状况	二分虚拟变量	1 有配偶;0 无配偶(参照组)
		同住人口	连续变量	平均值为 2.7 人
	经济因素	收入状况	连续变量	平均月收入为 1 900 元
		政府补贴	二分虚拟变量	1 有;0 无(参照组)
	残障因素	残疾类型	虚拟变量	视力残疾;肢体残疾; 智力残疾;精神残疾(参照组)
		残疾等级	虚拟变量	一级;二级;三级及以上(参照组)

使简单问题复杂化，同时保证研究的科学性和严谨性，在分析了以往研究的基础上，笔者对数据中的部分变量进行了操作化处理。将残疾等级简化为一级、二级和三级及以上（轻度、中度和重度）三类；将残疾人的婚姻状况简化为有配偶和无配偶两类。

数据分析结果见表5-2。

表5-2　残疾人养老方式的影响因素分析　　N=981

养老方式	居家养老		机构托养	
	Exp(B)	SE	Exp(B)	SE
性别	0.751	0.186	1.083	0.160
年龄	0.979***	0.008	1.098***	0.007
不识字、未上过学	0.214**	0.675	0.884	0.491
小学	0.411	0.667	1.397	0.460
初中	0.282**	0.638	1.074	0.444
高中、中专	0.318*	0.638	0.926	0.448
有配偶	1.335**	0.461	0.613	0.962
同住人口	1.284***	0.080	0.696*	0.184
收入状况	1.944	0.495	0.696*	0.184
有政府补贴	0.516***	0.255	0.598	0.173
视力残疾	2.617***	0.314	0.881	0.248
肢体残疾	2.403***	0.255	0.485***	0.270
智力残疾	1.377	0.269	0.784	0.226
一级	0.879	0.287	1.172	0.248
二级	0.915	0.258	0.881	0.225
Cha-2	191.334			
N	770		211	

注：*** 表示 $P<0.01$；** 表示 $0.05<P<0.01$；* 表示 $0.05<\text{sig}<0.1$。

数据分析结果显示,年龄、有无配偶、同住人口等是影响残疾人是否选择某种养老方式的主要因素。不同养老方式的影响因素有所差异。

5.4.1 个体因素

5.4.1.1 性别

数据结果显示,不同性别的残疾人在养老方式的选择上差别不大,但是女性作为传统印象中的照料者,会因其照料责任而更多地选择居家养老。访谈结果也同样显示,与男性残疾人相比,女性残疾人更易选择居家养老,在选择机构托养上似乎不如男性那样洒脱。

5.4.1.2 年龄

数据分析显示,年龄对于残疾人是否选择某一种养老方式的影响较为显著。年龄每增长一岁,选择居家养老的残疾人的比例会降低 3.1 个百分点,而选择机构托养的可能性却增大了 0.098 倍。这说明,随着年龄的增长,残疾人会逐渐放弃居家养老模式而选择机构托养模式。

事实上,年龄很难说是决定残疾人对于养老场所选择的直接因素。年龄之所以表现显著,是因为随着年龄的增长,老年期前致残的残疾人残疾程度会逐渐加重,残疾程度恶化,甚至存在出现多重残疾的风险,而年龄的增长也会造成许多老年人在老年期发生伤残。与年龄增长相关联的残疾的发生和恶化往往带来自我生活能力的逐渐丧失,意味着对他人照料和扶助需求的增多。在家庭和社区缺乏照料资源的情况下,残疾人会选择进入机构中接受专门和固定的服务。这与前文提到的残疾人分阶段养老、将机构作为家庭的替代是一致的。

5.4.1.3 受教育程度

在受教育程度中,不识字和未上过学、初中、高中和中专这三个教育程度对残疾人是否选择居家养老有显著的影响。受教育程度对残疾人是否选择机构托养模式的影响并不显著。

与受教育程度为大专及以上的残疾人相比，受教育程度为不识字、未上过学的残疾人选择居家养老的可能性分别为28.2%和25.5%。相比与大专及以上的残疾人，受教育程度为初中和高中、中专的残疾人选择居家养老的概率降低，选择社区照料的概率也降低。即与大专及以上受教育程度的残疾人相比，受教育程度偏低的残疾人选择居家养老和社区照料的比例较低。总体看来，受教育程度对残疾人养老方式选择的影响很难总结出比较明确的规律。

5.4.1.4　个体性格和习惯

个体性格和习惯对残疾人的生活态度和心理状态有较大的影响，从而影响残疾人对于养老方式的好恶。有较强个性和独特生活习惯的残疾人较难与其他人共处，更易选择居家养老的模式。

QW老人不愿意入住养老机构，很大程度上就是因为她的性格难以融入养老机构的生活，“我的个性就是曲高和寡。我的生活、我的性格，是高的，跟我合拍的，寡”（案例1，QW）。

QYC的父亲不希望别人介入他们的生活，“家里不愿意用外人，就觉得家里三个人也挺好的，加一个人在家里会有一些不方便”，他将照料女儿和做家务当成一个锻炼机会，也不愿意雇用保姆或向其他人寻求帮助，“大叔总害怕给别人添麻烦，他觉得自己能借这个机会锻炼一下。他怕都用别人，自己的身体垮下了，他把买买菜、收拾屋子当成一种精神的动力”（案例22，QYC）。

QCY不愿选择社区照料而选择入住机构托养是因为难以接受别人上门服务的这种形式，“如果说我在家里头，别人上门给我洗衣服，给我做饭，这个我接受不了”（案例6，QCY）。

每个残疾人的性格和生活习惯都不同，同一种养老方式对不同的残疾人来说，难以确定是好还是不好。

5.4.2 经济因素

5.4.2.1 收入状况

数据分析显示,收入状况对残疾人是否选择居家养老的影响不大,但是对是否选择机构托养的影响较大。收入状况越好的老年人倾向于选择机构养老的概率逐渐下降约30个百分点。这可能与较高的收入可以保障残疾人在家庭里也能获得相应的养老服务有关。

但是这与访谈中的某些结果有比较大的出入。访谈结果与数据分析结果的不同主要体现为两点。

一是收入状况是促使残疾人进入托养机构的一个因素。一些残疾人有进入机构养老的意愿和需求,但是由于经济条件难以承担养老机构或其他服务机构的费用而被动地选择了在家庭依靠自己来养老,“从现在的条件看,怎么也得五千元以上才行啊,一个人五千元。现在退休工资两千多元,住机构还是困难”(案例2,QR)。在这种情况下,居住在家反而成了一种备选方案,是经济条件不允许情况下的无奈之举。“那就没办法了,老老实实在家待着吧”(案例9,QYX)。经济条件的不理想让许多有入住托养机构意愿的残疾人被动地选择了居家养老;而经济条件的改善可以使残疾人进入托养机构的愿望变为事实。其中,QWY是比较典型的代表。QWY有比较强烈的入住养老机构的愿望,但因经济条件限制而无奈,“当然愿意去养老机构了,那不是用别人的嘛,在家养老还要靠自己”(案例11,QWY)。QWY和老伴月收入3 600元,除去支付吃药、住房、水电、卫生等费用,没有余钱,只能在家养老。

二是经济因素对残疾人养老问题的各个方面造成影响,贯穿残疾人养老的整个过程,它不仅影响残疾人养老方式的选择,还影响残疾人对于服务的选择。上述分析指出收入的限制会使有入住养老机构意愿的残疾人不得不选择居家养老,同样,对于居住在家、有雇用保姆需求的残疾人来说，费用问题也使其望而却步。“需要雇保姆。但是，不怕您笑话，我挣两千七百元钱，现在咱们北京请保姆就得两千元钱，要的工资高，还挑剔”（案例1，QW）。在这种情况下，有些残疾人只能选择服务时间较短、所需费用较少的小时工，如上述的QW；有些则是由亲人甚至是年迈父母承担起照料责任，“你不照顾他没办法啊，雇人吧，一天一百多，人家还嫌钱少，人家看着还别扭”（案例10，QLY）。有些残疾人没有申请社区服务，也是考虑到社区服务同样需要付费，“这得拿钱啊。我们现在雇人都雇不起，这个根本就别想。人家动不了的都请护工，我们这儿动不了了，只得自己弄”（案例13，QJW）。

不论收入状况会促进残疾人选择居家养老还是选择机构托养，从中都可以看出，收入状况对于残疾人养老来说都是十分重要的，收入状况在残疾人的养老方式选择中的作用不容忽视，它决定了残疾人的养老意愿能否顺利实现。是否有充足的收入，决定了残疾人是否可以选择适合的养老场所、是否可以获得充足的养老服务。在收入状况的限制下，残疾人所做的选择实际上是含有被动选择的成分，在一定程度上并非完全意味着“我愿意”，更不意味着“我满意”。

5.4.2.2 保障状况

有无政府补贴对于残疾人是否选择居家养老的影响较大。有政府补贴的残疾人相比没有补贴的残疾人选择居家养老的可能性低。与收入状况联系起来，很可能有政府补贴的残疾人在收入上较低。

5.4.3 残障因素

5.4.3.1 残疾类别

数据分析显示，与精神残疾人相比，视力残疾人和肢体残疾人选择居家养老的可能性更大，选择机构托养的可能性降低。智力残疾虽然对残疾人养老场所的选择影响并不显著，但是可以看出，智力残疾人比精神残疾

人更倾向于选择居家养老,而不是社区照料和机构托养。残疾类型的差异使得老年残疾人群体内呈现较多的异质性。由于残疾类型的差异,残疾人身体受到限制的部位不同,需求的侧重点不同,从而影响养老方式的选择。

访谈资料显示,肢体残疾人中分化较大,选择各种养老方式的可能性都存在;视力残疾人、听力残疾人和言语残疾人中多数倾向于选择居家养老;相比其他类别的残疾人,精神残疾人和智力残疾人选择机构托养的比例较高,他们的父母也认为机构托养最安全稳妥,“像这类残疾人在退休以后应该集体养老,比在家里好一些”(案例 14,QBH)。首先,精神残疾人和智力残疾人养老的历程贯穿整个病期,养老需求更早、需要照顾的时间更长,长期的家庭照顾给家庭成员带来较重的心理压力和精神负担,单纯的居家养老对照顾者来说负担极重。其次,这两类残疾人的婚姻状况极不稳定,若在婚龄前患病,多数残疾人难以结婚;若在结婚后患病,离异的比例也比较高。不稳定的家庭婚姻状态限制了残疾人的家庭照料和看护资源。最后,除父母外,完全依靠配偶或其他家庭成员进行居家养老的比例可能很低。因此,这两类残疾人在居家养老的基础上,往往选择以机构托养为后盾和支撑。与智力残疾人相比,精神残疾人的情绪不稳定,有些人甚至具有破坏性和攻击性,一般性的养老机构难以满足要求,在托养机构上更需要专门的机构进行治疗和管护。

另外,重度肢体残疾、多重残疾的老年人也倾向于入住养老机构,但前提是生活已经不能自理和社区托养服务无法满足其长期照料的需要,“你坐也坐不了,站也站不住了,就得到养老的地方了”(案例 2,QR)。

5.4.3.2 残疾等级

残疾等级对残疾人是否选择居家养老和机构托养的影响不显著。就残疾程度而言,程度越高,对他人的依赖性越强,选择入住机构的可能性就越大。一是因为可以减轻家人的照料负担;二是因为在养老机构里,管理比较规范,生活比较规律,环境也相对安全。

就居家养老而言，尽管残疾等级的影响并不显著，但是，在同种残疾类型中，相比其他残疾等级，残疾等级为一级的残疾人选择机构托养的比例更高。这是因为极重度的残疾人生活更加难以自理、更加依赖对全托式的生活照料，而目前的居家养老方式和社区照料模式，在照料的提供上还是存在局限性。

5.4.3.3 致残原因

致残原因和致残时间的早晚使得需要养老的残疾人分化为老年残疾人和残疾老年人。老年残疾人是指残疾人因老龄化而形成的残疾人，残疾老年人是指在老年期致残所形成的残疾人。这两者由于致残原因的差异和生命历程的差异而在养老方式的选择上存在一定的不同。

在青少年、青壮年阶段，残疾人与一般人群之间由于身体的限制而带来的受教育程度、工作机会、经济收入等的差异十分明显，由此在晚年时因经济积累不足、养老年龄较早等与一般人群在养老方式的选择上会存在差异。但随着年龄的增长，身体状况恶化、残障、失能等是老年后的正常的生理退行性现象，老年期后残疾而形成的残疾老年人与一般人群的老年人在养老方式上存在一定的共性。

5.4.4 家庭因素

5.4.4.1 同住人口与家庭户类型

同住人口数对残疾人是否选择居家养老或机构托养的影响较为显著。家庭中人口数越多的残疾人更易选择居家养老，数据显示，家庭同住人口每增加一个，残疾人选择居家养老的可能性就增加 28.4%，而选择机构托养的可能性则降低 30.4%。

同住人口越多通常意味残疾人能够获得的照料资源越多。家庭中足够的照料支持使得残疾人不需要通过入住养老机构来获得必需的照料和服务。但是访谈也显示，较多的同住人口并不总是意味着残疾人能够获得充足的照料资源,案例 12 中与 QCY 同住的人口共有 5 人,但是只有其丈夫一人能够为她提供日常照料。因此,实际上是照料资源的满足程度通过同住人口在影响残疾人对于养老方式的选择。

访谈资料显示,家庭户类型的差异对于残疾人养老方式的选择影响较大,实质上,家庭户类型仍然在一定程度上与照料获取的情况有关。

独居残疾人因为照料资源的缺乏更易选择入住养老机构,“他离婚了,他的孩子以前就一直跟她妈妈,他自己住,也没人来管他。他姑娘要是能管就管,管不了就送养老院”(案例 9,QYX)。

在一户多残家庭中,如果夫妻双方都有残疾,双方都在世时多数会选择居家养老,在一方去世时另一方会选择入住养老机构。在父子两代残疾的家庭中,除精神残疾人不得不入住托养机构外,通常在父子两代都在世时居家养老,代际间相互照料;当一代去世时,另一代则根据身体自理情况与照料需求的匹配程度和经济状况决定是否继续选择居家养老。

在老养残家庭中,若子女没有配偶,父母会选择在自己去世之后将子女送进养老机构或者由国家承担养老责任;若其子女有配偶,养老方式由其配偶决定。

5.4.4.2 配偶状况与照料资源的获取

数据结果显示,有无配偶对残疾人是否选择居家养老的影响较大,有配偶的残疾人选择居家养老的概率要高于无配偶的残疾人。但是有无配偶对残疾人是否选择机构托养模式的影响不大。

家庭成员的亲疏关系以及能否从家庭成员得到照料会影响残疾人的选择。与上文中提到的同住人口数量和家庭户类型相关,同住人口中能够提供照料的情况如何是真正影响残疾人养老选择的重要因素。

首先,配偶或父母的身体状况能否为残疾人提供照料。当残疾人的配偶或父母身体状况较好,愿意也能够照料身患残疾的老伴或儿女时,残疾人通常会选择居家养老,“去养老院干吗呀?像她得这病七年了,如果去养老院,一年就不行了。为什么呢?她心情一不好,就想别的事,这不就快了吗?我受点儿累,让她多活几年吧。就是同事之间,有事还得互相帮助呢,更何况夫妻之间。所以我不考虑去养老院这个问题”(案例12,QCY)。当配偶(父母)去世或配偶(父母)也丧失了照料能力,仅凭自己难以进行正常的生活时,残疾人不得不选择入住养老机构。这些残疾人希望能够在养老机构中达到和以前“有老伴一样”的生活条件,即有充足且满意的照料。

其次,家庭成员是否愿意提供必需的照料。能够得到家庭成员或其他亲属照料的残疾人会首选居家养老,当需求难以满足时才会考虑请社区帮助或者入住养老机构,“要是实在没有人了,我还可以考虑请社区帮助。要是我能找着人,就不需要了”(案例5,QJY)。

家庭照料意愿对精神残疾和智力残疾人的影响比较明显。这类残疾人因为父母之外的家庭成员难以提供必需的照料而不可能选择居家养老,只能入住养老机构,“别人指望不上,管也管不了她啊……我们家她那弟妹,她说骂就骂,都不能见面。人家知道她有病,街坊四邻都让着她啊。以后就国家来照顾她吧”(案例4,QAZ)。

最后,其他的替代性照料资源能否满足残疾人的照料需求。当家庭成员难以提供必要的照料时,残疾人还会选择向其他社会成员进行替代和补充,如雇用保姆、小时工,选择社区照料或购买其他社会服务等。其中,社区能够提供的养老服务会在一定程度上对残疾人养老方式的选择起到决定性的作用:在家庭成员无法提供照料、社区能够提供可以满足需要的上门服务的情况下,多数残疾人会选择住在家里;在社区养老服务不足的情况下,残疾人考虑到“机构能够关心照顾就会选择入住托养机构”(案例3,QT)。

与照料获取情况密切相关,未婚、离异和丧偶的残疾人更易选择机构托养。其中,离异和丧偶的残疾人因缺乏家庭照料资源而选择入住养老机构;而未婚残疾人多数为精神残疾,一方面残障使其难以找到合适的婚配对象,另一方面特殊的精神状态也使其无法仅仅依靠家庭资源来满足养老的要求。

在照料资源的获取上,套用一句“你是谁并不重要,重要的是你和谁在一起”,残疾人的照料获取情况也可以表示为:不在于残疾人和多少人住在一起,而在于残疾人和谁住在一起。

5.4.4.3　家庭住房

家庭住房是与残疾人目前的生活质量关系比较密切的因素,家庭作为居家养老残疾人生活的主要场所,其条件、设施等都会影响残疾人养老方式的选择。相比之下,有自己住房的残疾人更倾向于选择居家养老,“我现在有这个房子,就不愿意去养老机构”(案例10,QLY)。

具体而言,家庭住房对残疾人养老方式选择的影响主要体现在两个方面:一是没有固定住房、住房面积过小,难以请到适合的照料人员而选择入住托养机构接受日常照料;二是室内设施不完善、居住环境不理想,残疾人在家庭中感到不方便和不安全,因而离开家庭,选择入住托养机构。

5.4.5　模式因素

5.4.5.1　认知程度

残疾人对于养老方式的认知程度既包括是否了解某种养老方式的主要内容、优势与不足,也包括对自己所处环境内能否获取该种养老方式的服务程度的评估。

通过访谈发现,残疾人对于居家养老中家庭以及机构能够提供的服务认知比较准确,但是对于社区可以提供的上门服务了解比较有限,对于依托社区服务机构而提供的定点照料服务知之更少,许多残疾人不知道还有社区照料服务,以为就是由社区里居委会的工作人员帮助照料,“社区工作也挺忙,都有一摊事,不可能撂下去帮助别人”(案例12,QCY)。有些社区内没有服务机构或者服务项目不足,很多残疾人在有服务需求的时候却不知如何寻求获得。因此,残疾人对于社区照料这种养老方式实质上是在不了解的情况下的一种被动排斥。加强对社区服务和社区照料的宣传,为残疾人提供充足的信息,增加残疾人有比较和择优的可能,或许会在一定程度上改变残疾人养老方式的选择。

5.4.5.2　模式效应

居家养老和机构养老作为两种比较主要的养老方式,各有长处和短处,由此影响着残疾人的选择。

居家养老作为一种主导性的养老方式,其优点是环境熟悉、生活自主、心理踏实,因而吸引绝大多数残疾人选择。但随着家庭结构小型化,家庭照料资源萎缩,家庭照料资源不足将成为居家养老的弱点。随着年龄增长、体质下降、自理水平降低,居家养老已无法维系日常生活,许多残疾人会放弃居家养老而选择入住养老机构。

与社区照料相比,残疾人对于机构托养这种模式的接受程度较高,选择依据也较为理性。机构的优势一方面体现为在机构中设施比较完善,能够获得家庭以外的照料资源;另一方面也是因为在养老机构比在家庭中生活更安全。更专业、更安全是促使残疾人选择机构托养的重要原因。

但是,脱离原来生活的环境、与社会联系不紧密是机构养老自身难以克服的弱点,“养老院,不好。一进养老院,精神上就感觉和社会割断了”(案例 5,QJY),残疾人在其中会有被遗弃和冷落的感觉。加重心理负担、降低生活质量在一定程度上使残疾人对这一模式望而却步,“我们认识一个人,儿子给送养老院,没送几个月就死了。还有他弟弟,没送几个月,也死了。在力所能及的情况下就不去养老院,还是在家吧,动不了了再说”(案例 13,QJW)。同时,某些养老或托养机构的条件并不理想,不能提供给残疾人预期的服务,例如,没有良好的居住环境,“六个老头住一起,这个老头一会儿咳嗽,那个老头疼得哭了,你说这一宿怎么睡啊。想起这个就可怕,因为都够老的了,得什么病的都有。这个是老年病,那个是半身不遂、心脏病啊，随时都有死的可能，所以我是坚决不去”（案例5，QJY），同伴的生病和死亡等会增加残疾人的恐惧和精神压力。服务人员缺乏、服务不周、专业化程度不足，难以满足一些特殊残疾人的需求，“入住养老机构，她自己待三分钟就不行，一天24小时都得有人照顾她”（案例15，QXC）；由于目前机构中服务人员有限，难以随时随地兼顾到所有的残疾人，“整不好就弄一身屎没人给收拾”（案例21，QQJ）；对待残疾人，服务人员也不可能像家人那样耐心、照料细致，“有的地方花钱买服务，好的给你提供好，不好的拿一些糊弄你”（案例2，QR）；缺少家庭中的包容氛围，“为什么吃药呀，不行就得送医院啊，所以她就吃药。她情绪控制不了，街坊四邻知道她有病也都让着她。她当然愿意在家里”（案例4，QAZ）。此外，专门的精神病医院在为残疾人治疗的同时还会给一些残疾人带来消极的影响。

如果上述因素在主观上会造成残疾人对于机构托养的疏离，那么入住费用的限制、托养机构的床位数量、托养机构接收条件的限制等则造成了在客观上对残疾人的隐形排斥和显性排斥。第一，费用的排斥。根据访谈结果推算，残疾人的人均收入一般在1 000元左右，稍微好一点的能达到2 400 ~2 700元（通常为独居）。通过分析北京市养老机构的费用发现，养老机构每个月的费用一般在1 000元以上，个别费用在1 000元以下800元以上，条件好一点的养老机构收费更高，残疾人的收入难以负担。第二，床位数量的限制。据北京市民政局统计，北京市现有养老服务机构357个，养老床位71 589张，除去为一般性老年群体提供的床位外，针对残疾人的床位就比较有限，托养机构设立不足、托养机构内床位太少、较近范围内无托养机构等，都是造成养老床位数量不足的原因。床位不足导致很多残疾人无机构可进，或无法入住理想的托养机构。第三，招收条件的排斥。一些养老机构明确提出招收的是生活可以自理的老年人，从而将大多数残疾人排斥在外；部分精神残疾和智力残疾人的家属希望把他们送到一般性的养老机构，但是这些机构不愿意接收这类残疾人。这些排斥使残疾人在养老服务机构面前处境尴尬:没钱进不起,进得起没床位;进得起的条件差,条件好的不接收。

可见,对于残疾人来说,居家养老固然是大多数残疾人的首要选择,但并非所有选择居家养老的残疾人都是出于自愿,部分是因为机构的种种限制而不得不选择居家养老。

5.4.6　各因素的作用

以上的分析说明,影响残疾人养老意愿和实际选择的因素是多方面的。尽管对各作用因素进行解构,但部分因素之间还存在着一定程度上的交叉和重叠,不同影响因素的共同作用使得残疾人养老方式的选择表现出极强的复杂性。

残疾人养老方式的选择是一个综合考量的理性选择过程,诸多因素都会对残疾人养老方式的选择产生影响。其中,比较重要的因素有残疾状况、经济状况、照料资源获取状况、机构养老服务状况等。总体来说,从表面因素看,女性、高龄、残疾程度较低、有家庭住房的残疾人更易选择居家养老。从深层原因看,能否获得适合的照料资源是残疾人养老方式选择的决定性因素;年龄、残障等级、残障程度等决定了是否要他人照料;经济状况、家庭住房等都与能否获得理想的照料资源有关。自理状况比较好判断,如在身体可以自理时居家养老,在难以自理时入住养老机构;在自理状况较差的时候雇一个保姆或者小时工;经济条件是否允许也很容易衡量,若条件不允许,就退而求其次,如雇不起保姆就雇小时工。理想的照料资源有时却难以判断是否能获得,如需要同子女商量就会产生比较强烈的养老安排上的不确定性。

在作用因素的顺序上,残疾人考虑的排序通常是:自理状况(是不是需要他人的照料)、照料资源获取状况(能不能获得较好的照料)、经济条件(我能不能负担得起)。对于有居家意愿的残疾人来说,当需要照料时会对

能够获得的照料资源进行评估,家庭照料资源充足的残疾人会主动首选居家养老;在缺乏家庭照料资源的情况下,如果残疾人有足够资金用于购买服务来弥补家庭照料资源的不足,也会选择居家养老。

在各因素的作用形式上,在个人和残障因素中,最重要的是身体状况和残障类型及程度,形成了居家养老选择过程中的推力,即对家庭之外的养老服务的需求;在家庭因素中,最重要的是经济状况、家庭照料资源,形成了养老方式选择过程中的第一拉力,即选择居家养老的可能性;在模式因素中,最重要的是各养老方式的服务性质和服务质量,形成了对养老方式选择的第二拉力,即强化或弱化居家养老的选择。住房状况、个体性格和习惯等因素相当于弹性力,不起决定性的作用,但是会对养老方式的选择起到偏向性的作用。社区的服务在一定程度上起到了支点的作用,社区服务越丰富和及时,残疾人越倾向于选择居家养老。

显然,残疾人对于养老方式的选择犹如一条河流,多种因素所提供的推力和拉力犹如两条河道。河流进入哪条河道,既取决于河流的方向,更取决于河道的引导,还取决于一些偶然的外在因素。

5.5 残疾人养老方式的运行机制

对于残疾人养老问题进行分析是一个复杂的系统工程,涉及养老方式的选择、对这一方式的要求、影响因素多个方面的内容。残疾人养老得以顺利运行的内部机制,可以简单地概括为“一个中心、两种角色、三级理性、四层主体、五维特征”。

5.5.1 一个中心

残疾人的养老诉求与选择行为都是基于一个中心,即尽可能实现晚年生活相对利益最大化。这一“相对利益最大化”可能是就残疾人自身而言的，也可能是就整体家庭而言的。

第十六届世界老年学大会通过的《阿德莱德宣言》中提出："应尽可能让老年人生活在他们所选择的环境里，这应该是老年人照料计划的主要目标。"就残疾人而言，残疾人有自由选择养老环境的权利，也有选择照料资源、经济支持来源和精神慰藉来源的权利。残疾人根据自身的诉求和现实条件做出的选择，即便并不是残疾人心目中的首选，但一定是相对最优化选择，其主要目的是整合现有资源，使自己的晚年生活能够更加幸福。就本研究而言，尽可能促使残疾人福祉的提高也是进行养老方式研究的最终目的。

5.5.2　两种角色

两种角色是指残疾人在养老问题上分别表现为主体角色与客体角色。从养老方式选择的行为角度来说，残疾人所表现出的是理所当然的主体角色；但是从养老资源的接受角度来说，残疾人又表现为不容置疑的客体角色。这两种角色的共同作用造成了残疾人在养老方式选择上既主动又被动。作为养老方式选择上的主体，残疾人具有较强的主动性，可以在对环境和个人资源做出评估的基础上确定养老方式和具体的表现形式。但作为养老资源的供给客体，残疾人养老问题上的被动性也凸显了出来。

一方面是由于作为养老资源供给主体的家庭成员、社会成员、国家等不确定的因素很多，当残疾人因自身经济条件不理想等原因将养老资源供给的希望寄托在这些供给主体上时，很容易造成养老安排的不确定性。例如，在国家能够提供足够资金补贴的情况下，一些残疾人会选择进入托养机构养老。但是国家是否能够提供这部分资金，对很多残疾人来说是一个未知数，此时残疾人又显得十分被动。QJY老人有着强烈的居家愿望，但是他的退休金难以承担雇用保姆的费用，需要子女共同负担，因此，他的经济支持和照料资源在很大程度上依赖于自己的子女，需要"和儿女商量"

“就得协商、交流、沟通了”(案例5,QJY)。可以说,残疾人在养老方式选择的心态上所表现出的紧张焦虑就是与这种不确定的因素相关。

另一方面是由于各主体都有自己的主体性和利益倾向,存在着主体与客体不协调的可能,或者供给主体所提供的养老资源不为残疾人所需要,或者残疾人所提出的养老诉求难以为供给主体提供,“她(女儿)连自己都管不了,还管我啊”(案例6,QCY)。由此可以看出,并非残疾父母不希望子女能给自己提供照料、经济支持,养老照料资源供给上的子女疏离性不过是在子女条件并不宽裕的情况下一种退而求其次的无奈的放弃,在子女时间、精力许可的情况下,多数残疾父母还是会欣然接受来自子女的养老资源供给。与此同时,这种养老资源供给的不协调性也很容易造成养老方式选择心态上的消极回避。

5.5.3 三级理性

三级理性主要体现在残疾人养老方式的选择过程中。残疾人在养老方式的选择上并非盲目的,而是在明确的动因和目标下的理性行为,生存理性、经济理性和制度理性依次反映了残疾人在养老方式选择过程中的价值原则和行为逻辑。这三级理性并非完全独立,而是相互作用,共同整合于残疾人的养老体系之内,与残疾人的养老目标密切相关,是残疾人进行养老方式选择的重要依据。

生存理性是残疾人养老方式选择的最主要依据。残疾人在进行养老方式的选择时,首先是为生存,即生存理性在起根本的作用。残疾人是否选择居家养老,首先是基于保障个人及家庭成员(主要是配偶)的基本生存之上。自理能力的减弱不断加大残疾人的生存风险,在这种情况下,避害第一,残疾人会选择相比较而言并非最次的行为方式,由谁来养老、在哪里养老、养得好不好已经显得不那么重要了,所遵循的就是“能活着”的底线逻辑。生存理性对应着残疾人养老目标中的生存保障型,反映了残疾人在居家养老方案上的生存原则。

经济理性是残疾人养老方式选择的动力前提。在生存理性满足之后，残疾人会对照料者的来源有所要求，而这些要求是否能够实现，是与经济条件密切相关的，经济状况的好坏不仅对模式选择起到制约作用，对居家养老下的照料资源等也起到制约作用。残疾人会根据现有的经济条件对照料资源进行评判，适当取舍。因此，残疾人的经济理性通常有两种表现形式：一种是对某种或某些养老资源的“偏执”；另一种是通过调整支出结构以便在经济条件许可的范围内获得相对最优化的养老资源。例如，对于同样因自理能力较差而需要他人照料的残疾人来说，经济条件较差的残疾人更易选择以满足最低生存为目标的家人照料式，或不需要花费太多费用的他人应急式；而经济条件相对较好的残疾人可能会选择向社区或社会购买更为优质和更为持久的服务。与经济理性相对应的养老目标是其他需求型，反映了残疾人居家养老方案上的优化原则。

制度理性是残疾人养老方式选择的主要动因。当基本生存安全得到保障后，其他层次的需要将凸显出来，而精神文化、自我实现的需求将更为强烈；尽管经济条件的影响比较大，但是经济条件不是唯一的因素，往往让位于认知、观念、模式效应以及其他追求等，这些都是制度理性在起作用。残疾人养老方式选择上的制度理性相对于生存理性和经济理性更加多样化，促使残疾人在其中选择“满意”和“合理”的标准。而这种“满意”和“合理”通常是不确定的，与个人实力、资源拥有的状况等有着直接的关系。在都可以满足需要的前提下对多种养老方式进行比较和分析，而这种比较来源于对不同养老方式的认知，最后是身心体验，当体验结果与预期目标相一致时，感觉满意，反之则感觉不满意。

当生存压力不是足够大时，他们可能会认为即便是留在家里，即便生活得不如在养老机构中好，比如，孤独、照料不专业等，但是也比在托养机构中接受一种“外在化”的生活要强，这充分反映了行动后果对理性选择的影响。因为,基本生存安全得到保障以后,其他层次的需求将会凸显出来,而家庭中的自由、随意、自我掌控感等,无疑比进入机构养老具有更大的吸引力。残疾人完全可以在一定范围内通过购买其他服务或降低标准的方式弥补可能因此失去的部分照料和支持。制度理性因此比生存理性选择体现得更强烈,并成为残疾人选择养老方式的主要动因。与制度理性相对应的养老目标是精神满足型和自我实现型,反映了残疾人在养老问题上的满意和升华的原则。

总体上看,残疾人养老方式的选择是一种理性行为,既有文化的原因,也有心理诉求的原因,还有现实条件的原因;既受现实身体状况和延续生命需要的影响,也受外在资源的制约。多数残疾人选择在家庭中依靠家庭成员养老,除了传统文化的力量之外,从内在角度讲,是残疾人对其他的服务资源接触还比较有限;从外在角度讲,是现有服务提供不足,限制较多。残疾人选择某种养老方式,或许并不是对此满意或者完全满意,而是在他可选择的范围内表现为相对最优,相对最为"合理"。残疾人居住在家庭中的安全感,和对于家庭的文化认同,弥补了不能获得专业照料的缺憾,制度理性选择由此比生存理性选择体现得更为强烈。

5.5.4 四层主体

四层主体是指在残疾人养老的支持体系中有四层主要的养老资源供给主体,分别是家庭、社区、社会和国家。残疾人养老支持体系这一命题的提出,是与残疾人的多层次需求及特殊需求以及残疾人福祉的提高密切相关的。一方面是由于残疾人作为生理性的弱势群体,需要有特殊的政策体系予以保护;另一方面也是残疾是社会发展中不可避免的现象,需要有长期的政策体系予以支持。此外,还是因为我国残疾人养老需求的满足以及生活质量还有比较大的提升空间。将残疾人置于整个社会发展的大背景之下,是以人为本理念的最好体现。

这四层主体在为残疾人提供养老资源时,定位不同,所起到的作用也不同。并且每一个养老主体对残疾人所保障的重点也不一样。国家要进行残疾人经济上的保障,家庭成员要对残疾人进行照料上的保障,社区要对残疾人进行全方位服务的保障,三位一体,哪一个也不可缺失。

家庭成员位于残疾人支持格局中比较亲密的圈层,家庭是残疾人生活的最基本场所,在为残疾人提供养老资源时更多地表现为亲情化和细微化。它可以从最细微之处满足残疾人的养老需求,也可以用非经济手段获得,更具亲切感、亲密感和亲近感。

社区在残疾人养老支持主体中具有一定的特殊性。它既是按照地域进行划分的生活共同体,是社会服务机构的依托,也是国家和政府的基层单位。国家无论提供什么样的支持形式,最终都要落到社区层面,而且社会服务机构也要依托社区,家庭、社会和国家在社区里得到了三位一体的整合,社区作为家庭与社会的中介以及国家的基层代表,担负着非常重要的职责。在养老服务人员的构成上,社区一方面是其中的居委会成员、工作人员,另一方面是其中的服务机构和社会组织。由于具备丰富的养老资源和灵活的服务方式,社区在残疾人养老支持主体中应表现为多样化和个性化,一方面尽可能满足社区内部所有残疾人的养老诉求,另一方面通过多样的手段满足残疾人的个性化养老诉求。

社会所能提供的养老资源更加丰富,养老服务机构也更加多样,包括专门的残疾人托养机构、养老机构、非政府组织、家政服务机构、康复中心、护理机构等;在供给形式上也可以有资金支持、物质保障、服务提供等。因此,社会在家庭和社区养老资源的基础上更应该强调服务的专业化和层次化。应发挥社会力量,提供家庭和社区难以提供的专业服务,并区分不同的残疾人类型,针对不同的自理能力和不同的经济能力提供不同层面的养老资源。

为弱势群体提供必备的保障和支持是国家的重要职能。国家作为养老资源供给层次的最外围和最高层，在资源供给上应突出普遍化和基本化，通过建立养老机构（硬件保障）、提供经济补贴和优惠（物质保障），制定法律和政策（政策保障），营造良好的社会环境（文化保障），鼓励规范和引导（制度保障）等形式为尽可能多的残疾人提供养老资源，从基本公共服务的角度满足残疾人的最基本诉求。从残疾人的角度看，对国家和政府也比较信任，建立了国家保障的前提。

在这四个养老主体之外，还有一个归属模糊的主体，那就是单位。单位的支持可以不仅是物质上的，尤其是老一辈的残疾人对单位的认可程度更高，单位与他们之间的联系不仅仅是提供经济支持，提供养老金，单位的看望和关怀能让残疾人在心理上产生归属感，在情感上产生认同感，使残疾人认为自己还是有用的，还是被人关心和重视的。

5.5.5 五维特征

残疾人居家养老这一模式的顺利运行可以用五个特征进行概括，具体表现如下。

5.5.5.1 家庭整体性特征

在养老方式的选择上，残疾人表现出极强的家庭整体性特征。这种选择过程以家庭为决策的主要单位，配偶、子女，有时还要将父母纳入这一整体，如有些残疾人的养老方式需要同子女商量后才能确定。

家庭成员之间（尤其是配偶之间）要对养老目标形成共识，达成较为一致的心理诉求，评估自己可能获得的养老资源、考虑各种养老方式和具体方式所要面对的优势与不足，选择一个能使家庭成员整体利益相对最大化的养老方式。当个人与家庭其他成员之间在养老目标和心理诉求等方面不能一致时，在物质条件上会降低残疾人的生活质量，也会使残疾人在心理感受上产生不满、悲观、失落的情绪；当无法判断自己的选择是否能成为家庭的集体选择时，紧张焦虑、消极回避等心态也会随之产生。因此，残疾人对养老方式的选择更多地体现为家庭整体性的决策，并非残疾人的个体选择，这种选择的家庭整体性特征对于对家庭成员依赖较大的残疾人而言更为明显——没有一个残疾人可以不顾自己的父母、配偶、子女的情况或建议而“一意孤行”地对自己的养老方式和具体的行为方式做出安排。这也说明了为什么残疾人在有配偶的时候倾向于选择一种养老方式，而在配偶去世或伤残后选择另外一种养老方式。

在这种选择的家庭整体性特征的影响下，残疾人的养老质量是与家庭成员密切相关的，因而对残疾人家庭成员的整体支持就显得极为重要。

5.5.5.2　经济条件刚性特征

在残疾人的养老方式中，经济条件呈现一种刚性特征。如上文所述，它不仅是关键因素，贯穿残疾人整个养老过程，影响着残疾人养老方式和养老服务的选择；还是中介因素，与多个因素之间相互关联，共同决定了残疾人可获得养老方式和养老服务的程度。并且，由于多数残疾人的经济来源和收入状况是依靠退休金，额外的收入并不丰富，因此，经济条件和收入状况大多与国家提供的退休金有关，仅依靠个人的力量很难超越。在经济条件的限制下，残疾人通常会选择降低预期目标的方式实现自己的养老过程，例如，对于有照料需求的居家残疾人来说，在充足的经济条件下，会选择雇用保姆来照料或辅助照料；当经济条件难以负担时，会选择小时工这类花费相对较少的照料者；当连这一类照料者也难以负担时，只能依靠家人或自己。这些由经济条件限制而做出的让步，是以保障基本生存、降低生活质量为代价的。因此，残疾人对经济条件感到不满的比例也最高。

5.5.5.3　照料非均衡性特征

在照料资源方面，残疾人会根据差序格局来选择照料资源，但子女在其中呈现疏离性的特征，这造成了在照料资源中父代与子代供给不均衡的特点。一方面表现为，在同一个家庭内，照料的地位发生变化，对子女的重视程度要高于对父母的重视程度；另一方面表现为，残疾子代对父代的依

赖性较强。当子代为残疾时,父代往往付出较多,提供较多的照料;而当父代有残疾时,子代的照料并不及时和全面。

5.5.5.4　主体感知性特征

残疾人作为养老方式选择的主体,具有强烈的主体感知性特征,这种主体感知性特征在残疾人对待养老方式的满意度方面体现得比较明显。

第一,残疾人会从主体感知的角度对各种养老方式的优势与不足做出评估和判断,并与自己可能获得的养老资源进行比较,做出相对最优化的选择。第二,对某种养老方式和具体的行为方式感知的结果会造成残疾人的满意与不满意的感觉,这种满意与否的感知并非一成不变,某些外在因素可以提升或降低对满意度的感知。例如,来自家庭、社区以及社会成员的关心和帮助可以在一定程度上弥补物质条件上的缺失,提升满意程度。第三,养老是一种行为,也是一个过程,在外在因素不变的情况下,有些残疾人会采取调整心理预期的方式降低不满的感觉,或者通过调整目前的养老方式或具体养老形式的方法来提升满意度。第四,在一系列影响残疾人满意与否的感知的因素中,精神需求是比较特殊的一个因素,这一需求就残疾人自身而言都很可能难以察觉,残疾人所表现出的苦闷、失落都是与精神需求的难以满足有关,当这些需求得到满足后,一系列的问题就迎刃而解了。

5.5.5.5　多级整合性特征

一是残疾人选择主体与接受客体的整合;二是养老方式的选择是意志和行为的整合;三是对养老方式满意度的感知是动机与效果的整合;四是养老目标与多级理性的整合和相互印证。

残疾养老方式作为一个整体,是文化与形式的整合,是服务与保障的整合,也是养老年龄与养老过程的整合。

5.5.6　典型案例分析

基本情况:QW,女,90 岁,丧偶,独居,两个女儿患有精神残疾。她因年龄增长而视力下降,属于老年期致残的残疾老年人。家庭类型为一户多残、老残一体。

养老目标:QW 的退休金足够生活,对饮食结构和营养搭配有一定的要求,喜欢读书看报,希望时常能有大学生志愿者来陪她聊天,增长见识。她已经超越了生存保障型的养老目标,也不局限为其他需求型,主要表现为精神满足型的养老目标。

标识性诉求:虽然没有提出,但从言谈中可以感觉到,QW 希望能够获得更多的经济补贴,满足她看病就医的额外花费,并希望能获得更长时间的照料和帮助。

方式选择:在养老场所上,QW 选择在家庭中居住;在照料资源上雇用小时工,主要帮助做饭和做家务,工作时间为上午两小时,下午工作一小时,如有特殊需要另加时间;主要经济来源有退休金。总体而言,QW 的养老表现形式为“在家庭居住 + 他人照料 + 自我支持”。

影响因素:第一,QW 的个性以及对机构的排斥态度决定了她不可能选择机构托养;第二,QW 有住房,为她创造了居家养老的可能;第三,年龄的增加和残疾状况的恶化(视力下降)导致她有照料的需求,但是由于她已经丧偶且其他家庭成员难以提供养老支持,社区提供的支持也比较有限,因此她选择向社会成员寻求帮助;第四,经济条件的限制使得她只能选择临时性的小时工而不能雇长期性的保姆。

一个中心:QW 的所有行为和反应均是围绕在现有条件下“尽可能选择一个相对最优化的方案提高晚年生活幸福程度”这一目标展开的,这从以下的分析中可以看出。

两种角色与四层主体:QW 是养老方式的选择主体,她根据自己的主观诉求和现实条件,成功地选择了居家养老。但她也是养老资源的供给客体,作为四层主体中的供给对象,她在养老问题上面临着供需不平衡的局面,有着较多不确定性。第一,两个女儿都精神残疾,丈夫去世,其他亲属

很少来往,缺少来自家庭的养老资源;第二,社区现有服务种类很少,工作人员数量有限,没办法满足她的诉求;第三,对于来自社会的养老资源,她更倾向于志愿者,但是志愿者的不确定性更多;第四,目前 QW 还有女儿,不属于孤老,因此不具备国家养护的条件,但是她对国家以及代表国家的执行单位都有着极强的信任感和依赖感,“只要是派出所、居委会,我一概不怕,我的钥匙都交给派出所,要是我半夜死了,开门没人开啊。要不就得找我二闺女,二闺女现在病得厉害。我信国家,我信派出所……我什么都不管了,我心里所要管的,就是两个女儿,但是我无力,只能靠国家、靠居委会、靠派出所”(案例 1,QW)。

从 QW 两个女儿的养老问题上,也可以看出身为养老资源接受角色的无奈。QW 希望她的二女儿 XY 能够找一个老伴儿相互照顾,但是“太难了,谁会找一个精神病啊”,这说明家庭成员难以成为 XY 的养老供给主体;对于另一个女儿 XM,QW 表现得更加无奈:“她是找不到老伴了”,说明家庭成为供养的可能性几乎没有,而国家的托养机构也不能提供持续的照料,如果将女儿接回家中,年老体迈的她更难成为女儿的照料者,“回到家没人管她。她没丈夫,是个离婚的,三十年了。况且她又抽烟,在那儿把烟戒了,回来又抽怎么办”(案例 1,QW)。对于年逾九十、有两个精神残疾女儿的 QW 来说,女儿的养老问题令其感到压力,但也无能为力。

三级理性:QW 年纪增大,需要照料,也希望能够获得持久的照料,这表现为生存理性。但是她收入难以负担保姆的费用,因此只能退而求其次选择小时工,她可以自行决定是否雇用某小时工,这表现为经济理性。因为自己的性格难以融入托养机构的生活,更喜欢家庭中的自由和随意,希望和较高层次的人交流,因此拒绝进入托养机构,这表现为制度理性。

五维特征:尽管 QW 的老伴已经去世,两个女儿也不和她住在一起,但是她在进行养老方式选择时仍然是从家庭整体的角度出发的。当她的大女儿从医院回到家中居住时,她会增加小时工的工作时间来为女儿提供照料。经济条件的刚性特征在QW身上表现得也很明显,经济条件是一个硬性指标,从自身的角度难以超越,因而只能通过调整自己的消费结构来获取相对优化的方案。照料的非均衡性特征在QW身上是明显的,她的两个女儿因为患有精神疾病而较少为她提供养老支持,二女儿所提供的支持也限于物质方面。在主体感知性特征上可以看出,QW对目前的状况并不感到十分满意,她希望社区的工作人员能对她提供更多的关心和支持,能有志愿者帮助她满足精神上的需要。

第 6 章

残疾人养老的困境

6.1 照料问题

居家照料中的问题主要表现为：照料者缺失问题，即残疾人缺乏照料者；照料者无力问题，即有照料者但难以提供满足需要的照料；照料者负担问题，即照料负担给残疾人家庭带来的身体上、心理上和生活上的消极作用。

6.1.1 照料者的缺失

根据已有研究，残疾人养老照料的家庭资源主要集中在家庭成员身上。但现实情况是，家庭成员因种种问题而无法承担必要的照料责任，呈现一种缺失状态。除了上文提到的子女在残疾人养老中的疏离特征外，在多代残疾人家庭、老养残家庭、老残一体家庭以及重度残疾人家庭中，作为主要照料者的配偶和父母也往往因年龄、体力、经济能力等问题无法有效提供养老服务。即使是在一般的老年人家庭中，随着双方年事日高，照料能力也在下降,有人却无法履责。

在社会成员中,保姆作为补充资源,其需求量是最大的。但在实际生活中,保姆也处于缺失状态,对保姆有需求的家庭却请不到合适的保姆。从残疾人的角度说,经济状况和住房条件是两个主要的限制因素。从保姆的角度说,有些保姆不愿意照顾残疾人,“人家不愿意上我们家来,两个残疾人呢”(案例 18,GYM);更不愿意照料精神残疾人,“她一犯脾气,保姆也不爱在这干了”(案例 26,DGR);或是更愿意从事工作时间相对较短且比较灵活的小时工工作,“我闺女是个精神病患者,三十多年了,用人用得多。但是没办法,人家就给我这么多时间。保姆人家不当,为什么呢,嫌捆着,没自由”(案例 1,QW)。义工和志愿者因为不需要有花费而受到残疾人欢迎,但在多数情况下是非常稀缺的。90 岁的 QW 想找个义工上门陪伴,但工作人员表示很难满足。“她想找那种义工,就陪她说说话。因为义工不要钱啊,可好多你都达不到啊”(案例 1,QW)。

在社区、其他社会成员难以提供照料的情况下,残疾人的照料责任仍然被交还给了家庭,而家庭中照料者的缺失又使残疾人在照料问题上陷入恶性循环。

6.1.2　照料者的无力

对于一些残疾人来说,即便有照料者,但是无力提供所需要的照料服务。

其一,照料的专业化程度不够。家庭成员通常没有接受过正规的服务训练,而一些社区内的居家养老服务站专职服务人员一般情况下也没有经过系统的训练,缺乏针对老年人、残疾人服务的专业化知识和技能。还有一些服务人员,文化水平不高、缺乏经验,无法应对照料过程中出现的心理咨询、精神慰藉等问题。

其二,照料的持久性不足。照料的持久性不足主要是针对社区、志愿者和小时工提供的服务而言。但是这几种照料者又有所差别:社区服务机构和志愿者提供的照料难以持久,其组织缺乏系统性和联系性;小时工提供的照料难以连续,具有间断性和周期性。

其三,照料的承重性有限。有些残疾人的残疾程度较高,需要全天候照料,间断性和周期性服务满足不了需要,而全天候照料的繁重又使保姆难以承受。GYM 的母亲担心保姆负担过重、影响照料质量。“她的各种生活都要我们帮忙,大盆的洗脚水端不了,也得我们帮忙。洗个手绢也要我们帮忙。你说要是请一个人,连收拾屋子再做饭,不行,我们这个工作不好办。并不是我们娇气,是我们的事情太多。有时遇到好心人说我帮帮你!但是我怎么说的,又做饭,又端屎端尿,不行”(案例 18,GYM)。有些残疾人对照料要求较高,服务人员很难掌握,“一人难称百人心。我这个人虽然在吃的方面很不介意,但是一定要干净。如果社区来帮我,我不怕她浪费水,但怕她给我放很多油,放多了不健康,而且她不了解我的口味”(案例 6,QCY)。

6.1.3 照料双方的冲突

因为长期的接触以及生活习惯的不同,照料者和残疾人之间会存在一定的冲突和矛盾。这些冲突有的是因性格差异产生的,“我和她(小时工)性格不一样,我是小学教师,做事讲究细,我比她细,她比我粗,但是她比我聪明,我一天净挨呲儿,今天上午还把我呲儿一顿”(案例 1,QW);有的是因残疾人不能接纳新进入家庭的照料者而产生的,“和保姆关系不好,前些日子老发脾气,你想,等于突然来了一个人”(案例 15,QXC);即便作为残疾人的父母,有时也因不能忍受残疾人的怪癖而产生厌烦的情绪,“他在那里几个小时,嘴不闲着,总说。那里人那么多,我总说他,我也受不了”(案例 21,QQJ)。而一些较为专业的照料者更喜欢那些放弃自我控制并且容易管理的老年人,因为具有强烈的自我控制欲望和社会参与需求的残疾人往往会对照料者提出更多的要求、花费更多的时间。

6.1.4　照料者的心理体验

残疾人有自己的养老目标，而残疾人的照料者同样也有着自己的心理体验。具体而言，照料者的心理体验主要有以下几种类型。

委屈抱怨型。繁重的照料压力导致照料者的委屈和抱怨，QWY17 年前因车祸致残，目前是智力二级残疾，这些年来一直是她的老伴一人照顾她，"我是有苦难诉，真的，我冤啊"（案例 11，QWY）。

尽力支撑型。也有的照料者虽然有着较大的压力，但是考虑到不能放弃，因而一直在尽力支撑，"能带他到什么时候就带他到什么时候，咬牙坚持吧"（案例 21，QQJ）；"累点儿倒是不怕，就是年龄越来越大，力不从心了。现在我倒不怕，就是以后我不行了，这孩子怎么办？现在我都没有眼泪了，早都哭干了，我就是坚强"（案例 23，QGN）；"我和您说实在的，我能伺候她一天就伺候她一天，不能拉儿子的后腿。我这活着就为她活着呢"（案例 18，QYM）。这种心理体验也是在照料者中最多的一种类型。

隐忍求全型。持这种态度的照料者通常是残疾人比较亲近的人，他们一方面对残疾人给自己造成的伤害感到难过，另一方面也想到这是因为残疾人的无心之举，没有办法深究，"你看我的腿，是她用酒瓶子杵的，有一次把我的牙砸坏了，活动了，没掉，后来都拔了……我的腿就给我砸个大口子，但是她是我妹妹，我能怎么办啊"（案例 26，DGR）。

乐观进取型。持这种心理体验的残疾人照料者一般身体状况较好、心态比较乐观，"我自己可以做，不需要别人，而且自己的孩子，自己的家庭，不用别人帮忙，我觉得起码 20 年我还可以，至于说以后有毛病了，不行了，再说吧"（案例 22，QYC）。事实上，能在残疾人的照料过程中有这样的心理体验的照料者为数不多，且难能可贵。

照料者的心理体验会在一定程度上影响提供照料的质量，乐观进取型

的照料者会采取一切积极行动为残疾人提供尽可能全面的照料支持，而隐忍求全型和委屈抱怨型的照料者在感到心理不平衡时会降低照料的质量。尽力支撑型的照料者因为力所不能及的缘故很可能在照料质量上有所欠缺。

6.1.5 特殊残疾人的照料困境

在一般性的困境下，一些特殊的残疾人群体还面临着其他的照料困境。

6.1.5.1 一户多残家庭和老残一体家庭的照料压力

一户多残家庭是指在一个共同居住的家庭内有两个或两个以上残疾人的家庭，包括多代残疾和同代多残两类。多代残疾是指父辈和子辈共同患有残疾；同代残疾主要是指夫妻双方均有残疾，这样的家庭也可称为双残户。

老残一体家庭是指家庭内部既有老年人也有残疾人，包括老年残疾人家庭和残疾人与老年人共同居住的家庭（这样的家庭也称老养残家庭）。

一户多残家庭与老残一体家庭在很多方面有所交叉，如父（母）子双残的一户多残家庭也是老残一体家庭，老年夫妻双残的家庭也是一户多残家庭，他们在养老问题方面具有相似性。有些残疾人家庭不属于一户多残或老残一体，而是有残有病，但与一户多残和老残一体家庭在养老方面面临的问题类似，故也纳入本部分进行研究。因此，在家庭构成上，就形成了父病子残、父残子病、父子双残等类型，或夫妻双方一病一残、一老一残、双残、双老双残等类型。

在一户多残和老残一体家庭中，除了个别家庭雇用了保姆或小时工外，仍以家庭成员之间的相互照料为主，谁成为主要的照料者、谁成为被照料者是根据自理能力的强弱和生活能力的强弱而自然区分。由此，在照料支持上呈现残疾人（老年人）/病人照顾残疾人（老年人）/病人的局面。具体而言，可分为残疾/患病父母照料残疾/患病子女、残疾/患病子女照料残疾/患病父母、残疾/患病夫妻互相照料（或以一方照料为主）。在一户多残和老残一体家庭中，照料问题是主要的问题，残疾人生活自理程度较好的，给家人带来的照料负担就相对较轻。

在老年父母是主要照料者的家庭中，父母因年纪的原因，在照料子女时各个方面都显得有些吃力。主要的压力有：老年父母由于年老体衰无力照料精神病子女；随着年龄的增长，老年父母的体力下降、身体状况恶化，照料生活不能自理的子女出现困难，心有余而力不足，“照顾儿子费劲。以前我没有关节炎的时候，可以给他洗澡，现在我一着凉，连心都抽筋似的”；处理不好，家里也因此出现混乱，“他大小便不能控制，弄得满裤子都是。我现在眼睛不好，看不好，有的时候还踩一脚屎，都拉在屋里了”（案例 21，QQJ）。相比之下，兄弟姐妹对残疾人的照料方面不如父母，“兄弟姐妹照料就不如他父母在世时照料得那么到位”（案例 14，QBH）。

在残疾/患病夫妻相互照料的家庭中，大多数夫妻双方相互依赖，尽可能取长补短，日常生活基本不存在太大的障碍，“现在她帮我买菜啊，买这个买那个，全是她买。她买回来以后我自己炒，我可以做，我不用出去买，我坐着做饭没问题，这不挺好嘛”（案例 2，QR）。若夫妻双方残疾程度都比较重，困难相对多一些，“她要真是摔个跟头，我弄都弄不起来”（案例 17，QFL）。

一般而言，父母（配偶）身体状况较好，对子女（配偶）的照料就周全一些；但有些父母（配偶）即便身体状况良好，因年事太高，或需要兼顾的事情太多，即使全力以赴，仍然力不从心，“我今年 80 了，还要伺候她，没办法啊！能做就做，反正不吃生饭就行了”（案例 18，QYM）。

父母和配偶作为残疾人最主要和最重要的照料者，当其去世后，残疾人的生活质量迅速下降，“自从她母亲去世，这爷俩特可怜”（案例 15，QXC）。QXC 是智力残疾，生活无法自理，她的父亲年逾八十，患有心脏病，

也是生活无法自理。QXC 母亲去世后，对他们父女二人造成了重大打击，QXC 消瘦得厉害，而 QXC 父亲“一想起来就哭”。配偶的去世对残疾人打击更大，这意味着最主要的照料资源已经没有了，“我现在担心的就这么几个问题，我要是出问题，那就全是问题，这是我担心的第一个问题”（案例 6，QCY）。

此外，一户多残和老残一体家庭中，因为需要照料的人较多，照料者显得有些分身乏术、负担较重，“我爸也需要人啊！如果带她出去，这边摔一跤怎么办啊？等于两边都不能离开人”（案例 15，QXC）；甚至被限制在家庭之内，“家有老人吧，出不去，在家里有什么事好照顾着”（案例 9，QYX）。

6.1.5.2　重度残疾人对照料者的依赖

重度残疾人自理能力较差，对家人或照料者的依赖性很强，且照料持续的时间长，对家人造成的负担较重。

对于肢体重度残疾的残疾人来说，可能面临着摔倒、摔伤等意外，自己也没有能力扭转，“有一次，家里没人，我坐轮椅，翻了，从那边到这边爬了两个钟头，就那么一会儿工夫没人，就这样了”（案例 16，QLQ）。

对于重度的精神残疾人或智力残疾人来说，如果没有照料者，生活将无法自理，家庭的正常生活无法进行，“我不在家，她吃不好喝不好，就吃凉的，做饭也做不了”（案例 19，QXM）。

重度视力残疾人在没有照料者的帮助下，困难更多。因眼睛看不见，吃穿用等日常活动非常困难，意外伤害的风险也较高。

对照料者极强的依赖性，导致照料者负担过重，重度残疾人家庭往往承担着较重的照料责任。“一天 24 小时离不开人，说不定什么时候就得去医院”（案例 16，QLQ）。QCY 的老伴从早晨七点到晚上九点半都需要陪在她的身边，有时还要半夜起来给她接尿，从有限的生活费中挤出钱来请保姆就是为了能够缓解自己的压力。因为重度残疾人的自理能力和经济条件都比较差，在主要的照料者去世后还面临着生活无着落的风险。

6.1.5.3　精神残疾人对照料的高要求

精神残疾人除需要日常照料外,还需要家人监督服药。QAZ 的母亲每天叮嘱她吃药,但也常有忘记服药的事情发生,“存在问题就是,她现在得终身吃药,家里人每顿都得盯着。她老想不吃。你问她吃了吗,她就说,妈,我吃了啊。我就说,没吃呢、没吃呢。你稍微一错眼,就给忘了。这可好,吃没吃,我也不记得了”(案例 4,QAZ)。在正常的照料之外,有些残疾人还需要有其他照料,“晚上她还饿,11 点多要吃面条,阿姨还要给她做”(案例 15,QXC)。

长时间、不间断的照料,不但给家庭成员造成较重的照料负担,还会在一定程度上干扰家庭成员的正常生活。“她一闹情绪,你受不了啊,她干折腾”,甚至可能给家庭成员带来一些不必要的麻烦。“这精神病可不像别的,这真招事啊。上回我们家招事,惹了一场官司。我们街坊跟她动了手了,那街坊要拿瓶子杵我们家(女儿),我们家孩子拿脚踹人家。那人是宫外孕。结果这官司输了,还赔人钱了”(案例 4,QAZ)。有的残疾人甚至因为长期的残障状态影响了家庭成员之间的感情。

照料需求的满足是保障残疾人基本生存的重要内容,残疾人在有充足照料的情况下才可能延续生命、提高生活质量。照料问题的解决是构建残疾人居家养老支持体系的基础。

6.2　医疗康复问题

整体而言,居家养老的残疾人在医疗康复方面的问题主要是医疗负担较重、医药费报销有限制,无法实施康复或康复效果不明显、无合适的辅助器具或器具更新不及时。

6.2.1　医疗负担较重

残疾人对医疗康复服务需求最强烈,对医疗条件的改善也体现在残疾

人生存保障型的养老目标中。但医疗负担较重也是居家养老残疾人目前面临的困难之一。形成这种困难的原因包括身残多病造成的多项医疗开销和长期服药造成的持续医疗开销。

某一部位的残障有时会连带引起身体其他部位的不适或新的残障,这在视力残疾、下肢残疾的残疾人身上体现得比较明显。例如,QFL 因为下肢残疾“整天在床上看电视,或者望着外头,无法出去,一点儿都走不了”,导致身体过胖,患有高血压(案例 17,QFL)。GYM 也是下肢残疾,只能坐着或卧床,因此“肛门长疖子,一个接着一个,这个好了又长一个。挤没法挤,上药没法上”(案例 18,GYM),给生活增添很多痛苦。还有的残疾人因为小儿麻痹,身体长期一侧用力而造成腰椎错位、脊柱侧弯,形成新的残疾。

类似情况并非个别,残疾的连带效应,既加重原有残疾,又形成新的残疾。这种情况下,有些残疾人不得不多样服药、频繁就医或持续服药,形成过重的医疗负担,“你想想,家里有个病人,动不动就要吃药,不吃药就不行,所以家里比较困难”(案例 13,QJW)。有时还需要他人帮助负担医疗费用,“我吃药,不敢自己买,都是我姐给买的。要是我自己买药,那点儿钱就不够了”(案例 17,QFL)。

为了缓解这种医疗上的压力,一些残疾人会根据经济情况间断服药,“现在吃饭没问题,吃药有点儿困难。这个月有钱就多吃点儿,下个月没钱就少吃点儿,没办法”(案例 3,QT),或根据病情的严重程度进行选择性的治疗,QDD 在双腿截肢后又新添了糖尿病,在治疗过程中又患了疝气,QDD 和他的妻子表示,多次手术和每天必须要注射的胰岛素已经花光了家里的积蓄,尽管目前他还时常感觉肠胃不适,但因为并不是急症,就没有就医。

6.2.2 康复难以实现

康复服务可以减轻残疾状况,但是很多残疾人难以首先依靠康复服务改善残疾状况。其主要原因有:出行不便,无法到康复机构接受训练,“没有,没法动就不能康复训练。就是用这个(小锤子)砸一砸,血液循环快一点”(案例18,QYM);多重残患,不敢轻易实施康复,“我的脸麻木,想去中医按摩那里恢复,人家说得过脑出血的,绝对不能给你做按摩,怕再出血”(案例16,QLQ);康复效果不明显,使残疾人及其家人丧失了信心,产生抵触心理,“也不用康复了,再说她也受不了那个刺激”(案例4,QAZ);因为多重部位不适难以确诊,因而无法找到治疗的办法,难以实现康复的目的,“到医院问你挂什么科,我自己都不知道……人家也没时间听那么多,有时候还没等我说完,人家就说,你自己看吧! 你没法给他挂号。为什么我总给他看中医呢? 因为中医是综合的。如果说尿,他就说挂泌尿科,其实我觉得不一定是泌尿科。你说去看西医,他有时候头疼,身上不舒服,老觉得难受,你说这难受挂什么科? 挂内科? 还是头部的什么科? 还有什么别的科? 你不知道……所以虽然看了很多,什么问题都解决不了”(案例22,QYC);因残疾人生活不能自理,总会出现意外情况,不能坚持治疗,“一是他生活不能自理,这是一个大困难;还有就是他大小便不能控制,他都弄到裤子里……他吃饭不知道饥饱。饿了不行,你给他吃他就吃”(案例21,QQJ)。

6.2.3　一户多残家庭在医疗上的双重困境

一户多残或老残一体家庭在看病就医上困难较多,往往面临着双重困境。

困境之一是无法及时就医。因为这样的家庭往往由残疾人和老年人构成,体弱或体残,在没有外人帮助的情况下一般无法及时入院就医。对于感冒等小毛病,通常是自己买药治疗一下,遇到外伤就只能等着自己康复,“3年前摔了个跟头,在后面摔了一个口子,我说去哪里治呢? 我们老两口也弄不动她。后来一点点口子合了,从那以后就不能动了”(案例18,

QYM)。在这样的家庭中,当有意外情况发生时,单纯依靠家庭成员的力量很难应付。

困境之二是医疗开销较大。在一户多残的家庭中,看病就医的花销比较大,当双方都需要服药时,医疗费用的支出就比较高,"我由于车祸,内分泌状况改变,又患了糖尿病。糖尿病挺烦人,要想控制血糖得服药控制,但是口服效果有限,就得打胰岛素,我们俩现在都是糖尿病。一个月的药费加一起得800多元"(案例27,QDD)。由医疗费用造成的经济困难在老残一体或一户多残家庭中比较常见。

6.3 经济保障问题

从残疾人对经济补贴的普遍而强烈的需求,以及"经济条件的刚性特征"中可以看出,经济状况在残疾人养老问题中占有十分重要的地位。一方面,衣食住行医这些刚性开支不可避免;另一方面,多样性的服务需求也意味着需要有更多的弹性开支。

6.3.1 经济来源困难

经济上的拮据可能是残疾人最普遍的问题,这种拮据主要是收入来源上有限以及医疗开支较大共同造成的。

对于一些没有工作的残疾人来说,当父母或配偶去世后,在丧失了重要的照料资源的同时,还损失了大部分经济来源。QT就很担心老伴去世后自己的经济来源没有保证,"担忧,怕以后没饭吃,没有退休费啊"(案例3,QT)。政府部门每月为高龄、特困和低保等老人提供用以购买居家养老服务的资金,在一定程度上缓解了一部分老年人的困难,但难以满足老年人的全面需求。在经济来源的限制下,物价的上涨会在一定程度上造成工资性收入或经济补贴的缩水,"原来我几百元钱还能够,现在物价越涨,我的生活越惨”(案例20,QDL)。

相比之下,重度残疾人在经济上的困难和弱势地位更加明显,他们在收入来源上更加有限、医疗花费更多,无工资性收入的比例高、贫困家庭的比例高,借助低保来维持正常生活的比例也很高。因此,对于经济补贴和救助的需求是重度残疾人第一位的需求。

6.3.2　救助标准的限制

不可否认,针对残疾人救助的项目和优待政策有很多,除了专门针对残疾人和老年人的“九养政策”外,在残疾人的政策体系内,还有一些与残疾人养老相关的外围政策。但事实上,很多政策在制定时都对受助者的收入状况、残疾程度、家庭情况做了比较严格的规定。例如,针对城镇无劳动能力的重残困难户的补贴,其限定范围是“重度残疾、本市城镇户口、无劳动能力、本人没有收入、家庭月人均收入低于120元”。一些政策在执行时也比较刻板,残疾人难以享受到优待带来的实际好处。例如,以有无低保作为评定是否可以享有某一项优惠的标准。

6.4　精神文化问题

从前文可以看出,残疾对于精神文化的支持来源呈一种隐形内化的形式,大部分残疾人对这一问题认知并不明确。但大量事实表明,残疾人不仅有着对于精神文化的需求,精神需求的满足还能起到一定的替代作用,能提升残疾人养老的满意程度。具体而言,居家养老残疾人在精神文化上的问题主要体现在两个方面:一是精神文化需求的认知模糊导致莫名的心理不适;二是精神文化获取渠道的狭窄导致一些明确的精神文化需求得不到相应的满足。

6.4.1 精神文化需求认知模糊

残疾人对于精神文化的需求在认知程度上具有一定的模糊性，有些残疾人感到莫名的烦躁、心里不舒服、焦虑、失落，他们只会认为是情绪不好，通常无法意识到自己是因为有精神文化上的需求。当他们在与其他人进行互动时会表现出异常的兴奋或舒畅，“她平常交流太少，看到我们来都特别高兴。平时我在这屋拖地，她到这屋，我到那屋拖地，她到那屋。你在哪屋待着，她就跟到哪屋”（案例 15，QXC）。

以 QW 为例，她在小时工每天上门服务的三个小时内都异常忙碌。她要时刻监督小时工是否按照她的要求打扫卫生、是否有偷懒的行为、做饭时是否偷工减料、她收集的药盒是否摆放整齐，有时还要批评小时工或与小时工拌嘴、斗气，这些行为在她看来是为了保障自己的权益，其实是渴望与他人进行交流的精神需求的外在表现，与小时工之间的“互动”就成了她宣泄心理能量的方式。

6.4.2 精神文化获取渠道狭窄

在部分残疾人精神文化需求认知模糊的同时，部分残疾人因精神文化获取渠道狭窄而导致一些明确的需求无法得到满足。从主观上来讲，一些残疾人因不愿与他人交流而主动将渠道缩小；从客观条件上来讲，行动不便、出行受限、家庭或社区内缺乏相应的满足机制而形成渠道被动狭窄。被动狭窄的情况在残疾程度较重或年龄较高的残疾人身上表现得最明显。

QR 因下肢行动不便而难以参加社区活动。“坐着聊聊还行，要是活动不行”（案例 2，QR）；QW 因社区缺少相应的服务而难以实现有人陪伴聊天的愿望，“精神慰藉，就是过去陪她聊聊天啊。可是聊一两次也解决不了她多大问题，她需要天天有人去陪她聊天，事实是不可能有人天天去”（案例

1,QW);QGN因为自己行动不便、母亲独自带他外出会遇到很多困难而难以经常走出家门,“不去,我弄不动他,就在阳台上坐坐、看看,一个月出去一次就不错了。我想让他天天出去,融入这个社会,他需要这个,精神方面太缺失了”(案例23,QGN);QXC因为缺乏自理能力和年龄偏大而无法参与到温馨家园的活动中来,“我们那里有个温馨家园,让她去,但是她去不了,年龄大了不合群。后来就考虑,她生活也不能自理,别人年龄小,生活能自理,人家也没法收她”(案例15,QXC)。

正是因为这些原因,残疾人的精神需求的满足大多局限在家庭内部,他们获取外界信息的渠道主要是通过电视、报纸、与家人或朋友聊天,而有些残疾人甚至连如上的渠道也难以获得。

6.4.3 特殊残疾人的精神文化困境

6.4.3.1 独居老年残疾人的焦虑

独居残疾人不仅在养老方式的选择上体现出紧张焦虑或消极回避的心态,在日常的生活中,内心的焦虑有时也不可避免。独居的QW总是担心自己会在半夜去世,没人知道,“我为什么把钥匙交给派出所,人家有人值班啊,万一死了人家能开门啊,别臭到屋里头”(案例1,QW);她害怕过年过节,别人的热闹和她自己的冷清形成对比,会带来强烈的心理落差和无依无靠感,“我最怕的就是过节过年、‘五一’、‘十一’,人家觉得热闹,我是怕死了,因为我到那时候没依靠,都放假啦”(案例1,QW)。

6.4.3.2 部分残疾家庭的交流困难

有听力残疾人、智力残疾人或精神残疾人的家庭中共同存在着交流困难的问题,但其形成的原因有所差异。听力残疾这种感觉器官病变的残疾人的交流困难主要来源于可以传递信息,但接受信息比较困难,“你跟他说什么听不见,你让他拿什么拿不对。交流起来特别困难,你让他拿东西听不见……反正我自己能干的,我就不愿意和他多废话”(案例13,QJW)。而

智力残疾人或精神残疾人这种官能性障碍的残疾人的困难在于表达不清楚、无法准确传递信息,“要是说得快的话,你不知道他说的啥,说不了太长的句子……不知道什么原因,他表达不清楚”(案例 22,QYC);或思维跟不上、无法有效处理信息,“交流很难,心里明白说不出来”(案例 11,QWY);“她就是眼皮底下那几句话——拜拜、再见、你好”(案例 15,QXC)。因此,在这样的家庭中,很容易出现家庭成员之间很少交流的情况,“我结婚 17 年了,我和我丈夫说的话还不到两个小时”(案例 19,QXM);或者易出现交流冲突,“净吵吵,为什么呢,他听不见,我着急,他也觉得烦躁,互相吵。他听不见,着急,还说我态度不好”(案例 13,QJW)。

这种交流的障碍对不同的家庭户类型影响不同。在一户多残家庭中,交流的困难会造成残疾人精神慰藉的缺乏,有些残疾人因此而影响心情、发脾气。在多代残疾的家庭中,若子女的残疾程度或病情重于父母,其父母还面临着较大的心理压力,担心子女较自己先去世。

6.4.3.3 精神残疾人的情绪波动较大

精神残疾人的精神文化问题比较特殊,他们不仅有精神文化的需求,并且情绪波动较大,一点小事也会影响到残疾人的情绪,成为他们大吵大闹的导火索,“常吵,她气得拍桌子……不顺着她,她就气得嚷嚷”(案例 15,QXC);严重时甚至可能会引发精神残疾的复发,“有时候清楚,就是有时候看电视,她看着不顺眼了,就犯病了。就那天看完坦克就犯病了,屋里震得响,问我这是什么啊?我说我带你出去瞧瞧去,到那里我往里面一探头,就找不到她了。她就去马路边上去了”(案例 20,QDL)。

相比其他需求,残疾人精神文化的需求较难满足,具有很多特殊性。一是因为残疾人的精神文化需求具有非实物性,并非补助多少资金、组织多少活动就能解决,需要深入了解残疾人的内心世界和精神层面;二是精神文化需求具有长期性,一次两次的服务不能从根本上满足残疾人的需求;三是因为精神文化需求的满足具有社会性,精神文化问题的解决需要囊括家庭成员在内的较多的社会力量。访谈结果显示，社会参与多、精神文化丰富的残疾人心态好、精神面貌好，对自己的认同度高、社区的归属感强；而丰富有益的文娱活动还可以转移残疾人的注意力，减少对于自己病情的过度关注，促进残疾人的康复。因此，居家养老残疾人的精神文化问题也是残疾人养老支持体系当中的重要内容，需要予以高度重视。

6.5　其他问题

在上述较为普遍的问题之外，居家养老的残疾人还存在着其他一些问题。

6.5.1　住房问题

家庭住房是残疾人进行养老的最主要场所，目前残疾人认为存在的问题包括：居住环境较差，“担忧太多了，住的破房子、睡的破枕头，生活环境太差了”（案例11，QWY）；没有自己的住房或住房面积过小，“我住简易楼，三口人，十八平方米”（案例8，QLZ）。

在选择养老问题上，住房条件对希望雇用保姆的残疾人家庭影响更大。有些家庭是因为房间太小，雇了保姆住不下，“要雇人，没房子，连想都不敢想”（案例13，QJW）；有些是因为没有独立房间，保姆不愿意来，“如果雇保姆，我、保姆、老伴，三个人住一间房，保姆挺不好找的”（案例12，QCY）。

6.5.2　出行问题

残疾限制了残疾人的出行和社会参与，尤其是下肢残疾的残疾人和视力有问题的残疾人在出行方面有着更大的不便。残疾人在年老后面临着

较高的伤残风险,自我掌控能力丧失导致的不自信从主观上减弱了残疾人出行的愿望,绝大多数老年残疾人每天在家里的时间都会超过 18 个小时(王羊玲等,2011)。

有些残疾人在出行过程中会遇到很多困难,“我们也想推着他出去玩,但是上厕所的问题我们解决不了,没有五步十步一个厕所……在家里有马桶,可以自己上,在外面我给他端着,我腿都麻了,他还没尿完,没办法啊”(案例 22,QYC);有些残疾人虽然走出了家门却被局限在小区内;有些残疾人在没有他人的帮助下连家门也无法走出,“我整天在床上看电视,或者望着外头,出去一点儿都不方便,一点儿都走不了。即使现在扶手安到大门上,我把着门出去,到外面撒开手也一步都不敢迈”(案例 17,QFL)。

下肢残疾人对无障碍设施的要求更高,对室内、室外的无障碍环境都有要求,而且残疾程度越重,要求越高。一些残疾人因为老年或经济条件所限,仍然居住在建造较早的房子里,这样的住房无障碍设施缺乏,整体改造困难;单一的家庭内部可以安装扶手、进行厕所改造,但是若要对整个楼进行改造就十分困难,给老旧楼房装电梯也不是一件容易的事情,因此尽管很多残疾人表达出希望进行住房改造的愿望,但是实施起来较为困难,“北京市要求五层装电梯,是不是能提前装一下,帮助残疾人,能出来一下,透透空气”(案例 8,QLZ)。有些肢体双残户希望同时出去散步或参加社区活动的愿望难以实现。QFL 夫妻二人都是下肢残疾,他们因为没有必要的出行工具而不能经常出去,更不能二人同时出行。“他出去,我就在屋里待着;我出去呢,他就在屋里待着。你要说晒晒太阳,我们俩不能同时去。上午就是八点他出去,十点回来我出去待会儿,就得这样,不能一起出去。要是有那个残摩就一起出去了”(案例 17,QFL)。辅助器具的不合适、无障碍设施的缺乏或无用、公共交通的不便,都在客观上阻碍了残疾人更大范围的社会参与。

6.6　残疾人养老困境较大

综合来看，残疾人在养老问题上还存在着较多的问题与困境，表现出复杂性与严峻性。

6.6.1　残疾人养老的风险较大

通过以上分析可以看出，尽管北京市的残疾人具备一定的养老能力，但是养老的风险还是很大的。

首先，养老服务与保障的供需存在差异。分析结果显示，残疾人在居家养老过程中存在多方面的问题。照料方面的问题有照料者缺失、照料者无力、照料双方的冲突等；医疗康复方面的问题有医疗负担较重、医药保险有限、康复愿望难以实现、辅助器具普遍更新不及时等。经济保障方面的问题包括经济条件较差、经济来源困难、救助标准有很多限制等。精神文化方面的问题包括残疾人对精神文化需求的认知模糊而造成的莫名心理不适、获取渠道狭窄而使一些明确的需求不能得到满足等。社区服务方面，社区作为养老供给主体的责任缺失、服务场所和服务项目的缺乏以及便利设施的不完善等都为残疾人的养老带来了较多困难。此外，残疾人还面临着婚姻、住房、出行等诸多困境。这些问题与困境都是养老服务与保障供需不平衡的体现，总结起来具有三个特点，即有需求无提供、有提供不满足、能满足用不起。

其次，养老问题具有连锁效应。残疾人养老方式中的问题并非孤立，它们会对残疾人造成连锁式的影响。其中，经济因素是关键因素和中介因素，经济问题是残疾人养老方式中最普遍的问题，残疾人养老方式中的问题很大程度上与经济问题相关。因此，帮扶标准如何设定，在制定政策时有关经济补贴谁来提供、提供多少、为哪些人提供需要统筹考虑。但是仅从经济因素入手，单纯的经济补贴并不能从根本上解决残疾人养老过程中的问题。

整体来看,残疾人的养老方式是一个系统的工程,仅从一个方面提供难以满足需求。因此,残疾人养老问题的思考不能有所局限,应从更大的背景和更广阔的范围内加以考虑、应对,从系统的角度为残疾人提供所需的养老服务和保障。

6.6.2 特殊残疾人养老的多重困境

在一般性的养老问题之外,特殊的残疾人还面临着更多的养老困境。一户多残家庭和老残一体家庭通常有较大的照料压力,在医疗康复方面面临双重困境,部分家庭交流困难,存在着精神文化需求难以满足的问题;重度残疾人对照料者依赖较强,对经济补贴的需求最为强烈;独居残疾人在照料方面监护质量较低,在就医方面无人陪伴、缺少照料,容易出现焦虑寂寞的心态;精神残疾人和智力残疾人在养老方面的困境更多,这些残疾人中无配偶、无子女的比例最高,即便在有子女的家庭中,也会因残疾的绵延而难以对他们提供有效的养老支持,同时他们易怒、易对他人造成伤害的特点也使他人不愿与这些残疾人在一起,单纯的家庭养老或居家养老难以保证他们自身以及其他家庭成员的安全。

就这些特殊残疾人而言,他们对养老服务和保障的要求更高,在需求方面具有长期性、类别化和未来性的特点。因而,在制定支持政策体系的过程要考虑到特殊残疾人养老开始的时间较早,注意对残疾人提供服务与保障的连贯性和持久性,并提供针对家庭成员的喘息服务;准确把握各特殊类型残疾人的状况和特点,为有特殊需求的残疾人提供适合的服务与保障;在解决残疾人养老问题时尽可能做到“未雨绸缪”,及时了解残疾人及其家庭的困难,为符合要求的残疾人提供机构托养服务。

尽管残疾人在养老问题中有很多困难和问题,但是通过辩证法,我们认识到,一件事物具有两面性,当发现它所存在的问题时,解决问题的方法其实已经蕴藏其中了。这也是在下一章节重点讨论的内容。

第 7 章

残疾人养老问题的对策

在前面的研究中对北京市残疾人养老需求、方式选择、运行机制和存在问题已经进行了分析。在本章节中，将针对前述内容，在分析现有养老政策优势与不足的基础之上，借鉴国内外已有经验，构建符合我国残疾人实际情况的养老政策体系。

7.1 现有养老政策分析

目前，各种规范性文件中针对残疾人的政策可以分为纲领性政策、康复政策、教育政策、就业政策和扶贫政策，同时还有有关残疾人权益保障的36部法律法规。

我国养老服务政策的发展大致可以分为三个阶段：中华人民共和国成立至改革开放初期，改革开放后至2000年，2000年后至今（董红亚，2010）。其中，2000年以后是养老服务政策快速发展的时期，一系列文件的出台为居家养老的兴起、养老方式的功能定位、养老服务业的发展等，从内涵角度

进行了明确的界定，并明晰了目标任务和保障措施。

在北京市层面，有关养老的政策主要体现为养老问题的支持政策。2008 年，北京市启动了居家养老服务的试点工作，印发了《北京市特殊老年人养老服务补贴办法（试行）》（京民福发〔2008〕335 号），又将只与残疾子女居住的老年人纳入特殊老年人养老服务补贴的范围之中。2009 年，提出实现"9064"养老服务新模式的设想；在残疾人服务方面，也提出了专门针对残疾人服务的"311"服务结构模式，即 3/5 的残疾人享有居家助残服务，1/5 的残疾人享有社区照料服务，1/5 的残疾人享有机构托养服务。2010 年，正式施行了《北京市市民居家养老（助残）服务（"九养"）办法》（京政办发〔2009〕104 号），专门针对残疾人和老年人居家养老提出了服务办法。

在残疾人的政策方面，还有一些与残疾人（居家）养老相关的外围政策。如在住房方面，有廉租房政策、发放房租补贴等形式的住房救助；在经济补贴方面，有对城镇无劳动能力的重残人困难户①、城市居民特困残疾人②、城镇待业残疾人、重残人员等特殊残疾人群体的生活困难补助；在养老保障金方面，有城镇贫困残疾人个体户的基本养老保险缴费补贴，符合条件的重残人员的低保，"4045"人员及中、重度残疾人的灵活就业社会保险补贴，智力残疾人的"智残人养老保险"以及法律援助上的优待、教育经费上的减免等。政策体系构建的完善与否是影响养老方式选择和养老服务体系发展的重要因素。

残疾人与一般健全的老年人有着极大的不同，现有的居家养老政策难以兼顾残疾人群的异质性，相比之下，残疾人成为养老服务中一个弱势和

---

① 重残人困难户指本市城镇户口、无劳动能力、本人没有收入、其家庭月人均收入低于 120 元的重残人。

② 城市居民特困残疾人包括：家庭成员中有 2 名以上残疾人的特困残疾人；无劳动能力、无生活自理能力的重度残疾人；无父母抚养或子女供养的特困残疾人；患有重病、大病的残疾人；病情严重需长期服药或住院的精神残疾人和中度、重度智力残疾的特困残疾人；特困残疾人与外地人结婚后，其配偶无北京市城市居民户口、无工作的；有老年人和残疾人的残弱家庭中的特困残疾人。

隐性的群体。此外,残疾人对于居家养老服务的需求更为专业化和精细化,难以为针对一般性群体的养老政策所满足。在现实政策中,养老政策的抽象性与残疾人政策的笼统性削弱了各项福利政策的保障效果。与一般老年群体相比,残疾人的养老方式选择有何特点? 不同残疾类型和残疾程度的残疾人在养老问题上的区别与共性是什么? 特殊残疾人家庭在居家养老方面的问题是什么? 这些都需要通过政策进一步优化。

7.2　国外的经验及启示

一些发达国家已经在具体的实践中形成了各具特色的养老服务模式,其残疾人养老的理论和实践可以为我国建立适合的残疾人养老方式提供一定的借鉴。

7.2.1　英国

英国在"去机构化"和"正常化"的理念下,居家养老主要表现为社区照顾,老年人和残疾人是社区照顾的主要服务对象,服务的形式包括"在社区中接受照顾"和"由社区提供照顾"两大类。综合来看,无论行业及地方的区别,英国在居家养老服务上呈现高度统一的特征。

社会福利的高度统一。英国是实行社会福利较早的国家,不仅建立了"从摇篮到坟墓"的社会福利制度,而且有针对残疾人和老年人的统一的保障制度。英国对残疾人的保障主要分为三个部分:社会保险与津贴制度、国民保健服务系统和个人社会福利系统。保险和津贴是老年人和残疾人的经济保障,国民保险是其中第一层保障,包括养老金、残疾待遇、疾病待遇等多个方面;津贴是第二层经济保障,针对残疾人照料需求程度的不同而设立,包括残疾人照料者津贴、生活照料津贴、流动津贴和持续照料津贴。国民保健服务是面向英国全体公民的免费医疗服务系统,既提供疾病预防,又提供康复训练,还关注残疾人的精神生活。个人社会福利系统主要为有特殊需求的老年人和残疾人提供个性化的服务,内容包括生活照料、物质支援、心理支持和整体关怀等。

服务体系的高度统一。英国社区服务的地位非常重要,服务体系由管理人员、主要工作人员以及照顾人员构成,不同服务人员的职责范围不同。管理人员的职责最广泛,负责某一社区的资金分配、服务人员的聘用,并对工作进行监督。与管理人员相比,主要的工作人员所负责的区域相对较小,辅助对某一部分的老年人和残疾人进行养老金的发放、了解和反馈老年人(残疾人)的需求,并协助解决一些生活问题。照顾人员则多数为残疾人的亲人和邻居,由政府提供一定的服务补贴,为老年人(残疾人)提供日常生活服务。近些年来,又出现了个人助理,提供的养老服务更加全面。

服务费用的高度统一。英国 1989 年出台的《社区照顾白皮书》提出要形成一个社区照顾"关怀的光谱",为有居家需求的老年人(残疾人)提供居家支持服务,为有深度照顾需求的提供日间照护,为有更高需求的提供院舍照料和长期护理。但是这些服务都高度统一于免费或费用低廉的形式之下,政府还专门针对智障看护、残疾人援助、精神病人照顾等特殊群体给予一定的拨款补贴。例如,社区活动中心、暂托处等都是免费的,老年人公寓、家务服务等只收取较低的费用,还为有家庭照顾需求的老年人(残疾人)提供与居住在养老机构中同样的费用补贴。

综合来看,英国残疾人的居家养老被高度统一于完备的社会福利体系中,从国家角度说具有高福利支出的特点,但是从老年人和残疾人的角度看,又具有服务全面的优势。

7.2.2 美国

美国残疾人的养老责任由多方面来承担,政府与非政府共同参与社会保障,让个人、家庭、社区、市场共同发挥作用,强调非国家的因素。以政府与非营利组织或私营机构签订“购买服务合同”的形式将养老服务委托给社会机构，个人承担主要的服务费用，政府提供一部分资金支持、进行政策引导、设定服务规范等。

美国在居家养老的社区上，根据生活照料的程度分为四类，分别为生活自理型、生活协助型、特殊护理型和持续护理型退休社区。居家养老服务内容比较丰富，包含病历管理、家务服务、家庭保健服务、成人日间照顾服务、送饭上门服务、个人照料服务、定期探望服务、电话确认服务、应急响应系统等专业护理服务和医疗服务。并在社区内设置为老年人（残疾人）提供基础日常护理和家政服务的家庭保健中心，提供午餐、组织文化活动的老年人活动中心。长期护理服务的资金来源于由联邦和各州在税收中提取一定比例而建立的社会安全基金，这些安全基金主要用于医疗救助。长期护理服务的种类包括私人疗养院、生活辅助护理、居家护理、成人日托服务、晚期残病人员的临终护理等。

养老机构根据不同的标准分为三类：技术护理照料型，主要目标群体是需要 24 小时医疗照料的老年人（残疾人）；中级护理照顾型，收养没有严重疾病、需要 24 小时监护但不需要技术性照顾的老年人；一般性照顾机构，主要招收需要膳食和个人照料的老年人（残疾人）。

美国对于残疾人养老的支持体系从单纯性救济转为工作性福利，由普遍福利转为有限救助，强调多元合作，以市场为导向，强调个人价值。

7.2.3　日本

日本结合本国根植于家庭的养老伦理观念，以低福利支出为特点构建有效的“补缺型”的养老服务体制，通过强调家庭责任、鼓励“住宅服务”的形式，为特殊的社会成员建立国家、市场、社会和家庭共同担当的社会支持网络。在法律上，日本也建立了多层次的立法保障强化家庭责任，通过《老人福利法》《老人保健法》《生活保护法》《残疾人福利法》等明确的法律条

文强制规定家庭和亲属对老年人(残疾人)的赡养义务,赡养父母的责任也由只针对长子而扩展到所有家庭成员,通过厚生年金、健康保险法等形式规定直系血亲和兄弟姐妹间还有相互赡养的义务,强化家庭间形成的赡养关系。

日本的居家养老服务除了针对老年人和残疾人的日托服务、短期照料服务等,还十分注重针对家庭的照料服务。日本"护理保险制度"的目的就是让老年人(残疾人)能够脱离医院、回归家庭。这一制度将社会保险与护理服务相结合,强制40岁以上的国民参加,并在65岁以后享受服务,对于生活不能自理或痴呆的老年人(残疾人)可以在家庭中接受身体护理,家务、生活资讯等护理服务。家庭访问介护服务,为老年人和残疾人指派专业人员进入老年人(残疾人)家庭,为卧床、失能或痴呆人士进行生活上的照料并制订护理计划。家庭访问医疗服务,为确诊为患有慢性疾病的老年人(残疾人)提供上门的诊疗和康复服务,了解病因、观察病情,帮助治疗、护理或联系会诊等。面向老年人(残疾人)及其家属举办学习班,讲授基础的预防知识和护理技能,各社区内设立健康热线和专人接待服务,为老年人(残疾人)及其家庭提供咨询和指导。对有需要的家庭提供专业的评估、设计和改造。为卧床老人配发特制的床、浴盆、体位变换器等。参保的老年人只承担护理费用的10%,其余的费用由国家和地方政府共同承担。厚生劳动省牵头,地方政府高龄福祉部门负责管理,居家护理服务支援中心、社会福祉联合会等负责服务的具体实施。

社区层面的居民互助组织也是日本养老服务中不可或缺的一部分,在资金上主要靠政府资助或社会捐助,在人力资源上主要依靠居住在同一社区的居民互相帮助。这种服务组织成本小、亲情浓,对老年人(残疾人)需求的满足更为灵活和及时。

相比之下,日本作为一个东亚国家,更加强调家庭的作用,保留家庭的养老责任、鼓励邻里之间的互助,通过充实家庭基础、强化家庭保障来抑制高额的福利支出，在一定程度上避免了福利国家过重的经济压力。

7.2.4 新加坡

新加坡在养老方面更加重视家庭的责任，鼓励个人对自己的晚年进行规划，提倡子女与父母同住并赡养老人。

为了保证这一养老方式可以顺利进行，新加坡采取了一系列的措施予以保障。在法律上，通过《赡养父母法令》保障子女对老年人的赡养。在观念上，新加坡政府非常重视对家庭观念的培养，通过宣传、号召的方式倡导全社会关爱老年人（残疾人）。在经济支持上，作为主要养老保障金的中央公积金中设立了“家庭保障计划”和“家属保障计划”。前者主要是为参加者及其家属在其终身残疾或去世时提供必备的应急资金，后者则是一种强制性保险，保障参加者按期归还住房贷款。在优待政策上，为了避免许多国家出现的普遍性“空巢”现象，新加坡政府规定，愿意与父母居住在一起或在父母居住地较近处购房的年轻人，经审核批准后可以减少一定的购房费用或享受购房补贴；对于那些无法获得充足照料的老年人和儿童，新加坡将托儿所和托老所结合起来，成立“三合一家庭中心”，在解决照料需求的同时满足人们的精神需求。

7.2.5 瑞典

“正常化”理念是西欧国家在对待残疾人问题上的鲜明特点，瑞典于 20 世纪 60 年代将残疾人正常化理念写入法律，成为秉持“正常化”理念的代表。不论是保障体系还是服务体系，均能体现出“正常化”的特点。

在瑞典，赡养和照料老年人的义务完全由国家来承担。一方面，建成了普惠性的养老金体系；另一方面，也开设了功能齐全的家政服务网，服务的费用根据老年人（残疾人）的收入确定，即使标准最高的费用也远低于市场价格，在一定程度上体现了按需分配。

在瑞典,90%以上的老年人可以享受到居家养老服务,老年人的需求只要被审核批准,则可以享受到规定次数和范围的服务。在大城市以及一些人口居住比较稀疏的地区,服务队会用轻型汽车装载供给为老年人家庭提供巡回服务。邮电部和社会部甚至联合为独居老年人提供邮递员访问援助服务。

7.2.6 对我国的启示

通过总结这些发达国家在残疾人养老方面的先进经验,笔者认为我国可以在以下方面着重关注并进行提升。

7.2.6.1 提升理念

理念是行动的先导,可以看出,不同的理念催生了不同的养老方式和服务形式。英国的"去机构化"理念推进了社区照顾的发展;美国强调残疾人的价值,不仅从生理角度保证了残疾人作为生物人的生命长度,也从社会参与角度拓展了残疾人作为社会人的生命长度;日本将医疗、保险与养老结合起来,既解决了费用不足的问题,也解决了老年人(残疾人)所需的长期护理问题。

因此,我国在建设残疾人养老问题时,应从营造更高的理念着手,从更高层面满足残疾人养老的需求。

7.2.6.2 建立规范

各国在推行居家养老问题时都通过详尽的法律予以保障,甚至也将某些政策措施法律化,统一而成熟的法律体系为居家养老的开展形成了可以遵循的依据。英国的法律不仅面向全体老年人、弱势群体,还针对不同的残疾人有针对性的法案;日本也在20世纪50年代开始通过立法解决养老问题;美国的法律则较全面、细致。

我国在残疾人养老问题的建设中也应当重视法律规范的作用,根据我国的社会经济条件和现实国情明确各养老提供主体的权利与义务,做到有法可依，权责明晰，并且随着社会经济的发展和人民需求的提高不断修订和完善。

7.2.6.3　重视文化

不同文化背景下的国家养老责任归属不同，政府的定位也不一样。如在日本、新加坡以及一些东南亚国家，这些国家的文化受到儒家文化和孝道影响，家庭都是赡养老人和残疾人的最主要责任主体，政府提供的服务也倾向于家庭整体性。但是建立在资本主要精神之上的西方文化则将责任归于政府，更强调社区的重要意义，社会化服务的特征更加明显。这种社会化服务和福利国家的做法固然有很多值得学习和借鉴的经验，但是不可否认，其中也存在着福利支出过于庞大和家庭成员之间的亲情疏离问题。

我国要考虑本国独特的养老文化，发挥我们的优势，同时要借鉴西方国家先进的服务经验。我国目前存在着养老责任主体归属不明确的现象，家庭提供的养老支持比较有限，政府提供的社会福利水平也不足，这是发展中的问题，会随着新型养老文化的建立、政策体系的完善和社会的发展得到解决。笔者认为，应充分发挥血亲价值论的动力机制，在充分利用家庭成员、邻里朋友的基础上，通过广泛的社会服务和足够的资金支持将家庭成员从原先繁重的养老任务中解放出来。

7.2.6.4　专业服务

专业性的服务对于残疾人来说更必要，专业服务人员和基础护理人员相结合，能起到多级防护的作用。各国的经验表明，专业性的服务对于减轻残疾人的痛苦和帮助残疾人在一定程度上的康复都有积极意义。因此，我国在构建残疾人养老支持体系时，应以老年人（残疾人）的实际需求为导向，尽可能提供专业、多元的服务，满足老年人（残疾人）的多元需求。

7.3 政策构建的基本思路

本部分将根据养老问题主体论和特殊群体特别支持论的指导,结合前述研究,阐释政策构建的基本思路、政策目标、政策原则以及需要注意的问题。

7.3.1 基本思路

社会发展的要求、理论的指导、残疾人的诉求、现有政策的不完善、对残疾人养老问题的忽视、与发达国家的差距等,决定了尽快建立我国残疾人养老政策体系的必要性。

残疾人养老问题的支持政策体系要坚持在关于养老和助残的指示和文件、经济社会发展规划这两个框架内建设和发展,根据三个阶段的目标,坚持六大原则,重视相关问题,构建针对所有残疾人的均等化养老政策,增强对三种养老方式的有效支持,着重解决特殊残疾人的养老问题。

7.3.2 政策目标

政策目标的构建与残疾人的养老诉求有关。残疾人因其特质性而不能完全等同于一般老年人,因此,在政策构建时应注意残障的标识性诉求,加强对残障弱势的保护,在政策上保障残疾人能够安度晚年和欢度晚年。残疾人养老支持政策体系的目标包括三个阶段(近期、中期、远期),形成保证残疾人实现有保障、有服务、有快乐、有权益、有尊严在内的多方面、多层次的政策支持体系。

7.3.2.1 近期目标:解决问题

解决残疾人最迫切的现实问题和特殊残疾人最关心的问题。

经济保障是残疾人老年期生活最重要的基础,决定了残疾人老年期的生活质量,也影响老年人的家庭关系。因此,建立合理的残疾人养老金制度、福利金制度、救济金制度,使老年残疾人获得必要的、基本的和相对充足的养老费用,应是残疾人养老政策的目标之一。服务供给是提高老年期生活质量的必要条件,还在一定程度上影响老年残疾人的心理状态。

因此,残疾人养老支持政策体系从残疾人的经济保障入手,加强残疾人养老相关服务的供给,满足残疾人的生存和发展的最基本需求、提升残疾人的生活质量,帮助残疾人实现有保障的晚年和有服务的晚年。

7.3.2.2　中期目标:完善制度

建立健全残疾人养老的保障和服务体系,实现养老服务与助残服务体系的结合,满足残疾人经济支持、日常照料、医疗康复、精神慰藉的需求。

完善相关的支持政策体系,实现政策视角的扩张,建立与残障视角相互补充的多重视角,在政策制定时照顾到残疾人中的特殊群体,对具有多重身份标识的弱势群体进行重点关注。

通过形成制度化的支持体系网络保障残疾人的基本权益和多元需求,促进实现有快乐的晚年和有权益的晚年。

7.3.2.3　远期目标:形成文化

残疾人养老问题政策支持体系的建立,从社会的角度说,是建立一种和谐的社会文化,既倡导对老年人的赡养,又推动残疾人群体的平等参与、平等分享。从残疾人的角度说,是实现残疾人有尊严的晚年,尊重残疾人自己的养老意愿,帮助残疾人实现养老目标、提升生活质量。政策构建应推动这个目标的实现。

7.3.3　政策原则

残疾人因其特质性在进入老年期时会面临比一般老年人更多的弱势。从国家提供基本公共服务的均等化理念来说,残疾人养老政策应表现出对特质性及其问题的考虑。

福利性。残疾人问题是社会问题,社会应承担起解决残疾人问题的责任,对残疾人的经济支持和服务问题构成政策的核心。但同时需要指出的是,福利性并不等于施舍与恩惠,仅仅靠施舍和恩惠难以解决残疾人的养老问题。

制度性。残疾人是弱势群体,又无法依靠自身解决养老问题,更是一个体现社会发展代价的群体。因此,这个群体的养老问题,一方面,需要强化其福利性;另一方面,需要加强其制度性安排,完善相关的制度建设。

倾斜性。残疾人老年期问题,往往是不完善的保障和服务制度以及残疾人儿童期、中年期问题累积的结果。因此,政府在构建残疾人养老政策时,需要具有一定的倾斜性,既是一种制度性补偿,也是人道主义的体现。

差异性。残疾人养老问题的重要特征之一是其差异性。在其共同的社会背景情况下,不同残障类型、不同残障等级、不同家庭状况、不同自我需求、不同心理承受水平等,均表现出有差异的养老需求。因此,养老政策的构建需要尽可能地满足这种状况和需求。

整体性。残疾人养老问题不仅是老年期问题,也是生命历程的问题,残疾人养老的支持政策要贯穿残疾人的大部分生存时间;残疾人养老问题不仅是老年残疾人的个人问题,也是残疾人家庭的共同问题,残疾人养老的支持政策要贯穿整个家庭。只有做到残疾人个体生命历程的整体性和残疾人家庭的整体性,解决残疾人养老问题才能取得较好的效果。

引导性。残疾人养老支持的政策要体现有残疾人的参与。但事实上,残疾老年人具有一定的参与惰性,如果没有引导,残疾人因种种原因会拒绝或漠视已有助残资源。因此,应对残疾人进行适当的引导,采取一定的经济刺激,如对积极参与社区活动的残疾人给予一定的经济鼓励;对主动进入社区外养老助残机构的残疾人给予经济补贴;引导残疾人根据自身情况选择适合的养老方式和养老机构。

7.3.4　需要注意的问题

残疾人的弱势特征使大多数残疾人对家庭、社区和机构的依赖性比较明显。所以,提高对残疾人、残疾人家庭、残疾人养老服务机构的支持是解决残疾人养老问题的关键环节。提高子女的养老能力,推进养老服务机构建设,是强化残疾人居家养老和吸引残疾人进入机构养老的政策构建点。

均等化作为一种理念,其中体现着公平和平等的内涵,其实质是为有需求的残疾人提供合适的服务。因此政策体系可以具体化为针对全体残疾人的均等化政策,和针对特殊残疾人和特殊问题的差异化、个性化政策。目前,我国的经济发展水平还比较有限,需要从基本公共服务的满足做起。

在现有关于残疾人的政策和养老政策的基础上进行整合和延伸,做到利用已有资源和新政策相结合。

7.4　政策体系设计

我国不同于西方国家,可以借鉴西方经验,但是不能照搬照抄,要在中国的文化基础上建设有中国特色的残疾人养老体系。

残疾人养老政策体系包括三个层次,即面向所有残疾人的均等化政策,面向不同养老方式的差异化政策和面向居家养老中特殊残疾人的个性化政策。

7.4.1　均等化政策

所有残疾人均会面临衰老,本部分的政策主要解决残疾人在养老问题中所面临的共性问题,分别从经济支持、日常照料、医疗康复等几个角度为残疾人晚年生活提供服务和保障,这是残疾人养老问题政策支持体系构建的基点。

7.4.1.1　在退休年龄上实行弹性制度

退休制度古已有之,在工业社会以后形成定制并成为劳动者的一种社会福利。劳动者在退出工作岗位之后,根据工龄和工种等发放一定的养老金。残疾人作为劳动者也是退休制的合法享有者,应受到退休制度的合法保护。

与一般人群相比,残疾人的预期寿命相对较短,许多重度残疾人在退休不久或还没有退休时就会去世,并没有享受到退休制度带来的好处。由于身体的原因,残疾人在劳动的过程中要付出比一般人更多的努力,对于健全人来说轻而易举的工作,对于残疾人来说却存在着较多的困难,工作对于他们来说不再是价值的创造,而是身体的负担。因此,应在对残疾人预期寿命测算的基础上,参照残疾人劳动者的残疾类别、等级和社保缴费状况等,适当降低残疾人的退休年龄。

7.4.1.2　在照料资源上实行多元整合

从前面的分析可以看出,残疾人的养老问题涉及家庭、社区、社会和国家等多层主体,这几个提供主体需要进行资源上的整合。

如何细化和落实国家的政策,就需要社区担负起责任。在经济上,社区帮助这类残疾人申请各类补助,帮助无能力的残疾人管理这部分资金;在日常照料上,根据残疾人的意愿将他们送进养老机构统一照料,或帮助聘请照料人员,由社区工作人员进行照料;在精神慰藉上,视残疾人的状况予以适当的提供。社区作为基层组织,在发挥原有作用的基础上增设新的功能。

与此同时,发挥单位的作用,增强残疾人心理的归属感。过节过年时集中收养一些独居的残疾人,或每天、每周等固定时间上门或者电话慰问,减轻残疾人的孤苦无依感。

7.4.1.3　在经济支持上建立三级保障

残疾人养老的经济保障应当包括基本养老金、福利补贴和特殊费用补充等。这也与多数残疾人在经济支持上选择“退休金＋政府补贴”的形式相吻合。

基本养老金是残疾人劳动的合法所得,可以减轻残疾人对家庭成员的依赖。在一般性的养老金基础上,建立残疾人的福利补贴制度,根据残疾等级或者年龄发放一定的补贴,与国家发展水平挂钩。尽管我国目前还难以做到普惠性的养老服务,但是可以尝试将有偿服务和无偿服务相结合,根据残疾人的家庭收入情况提供一定的免费服务或费用减免服务。

7.4.1.4　在医疗护理上提供专业服务

社区中有专门针对生活自理能力较差的残疾人的服务和护理人员,帮助参与社区康复或社区活动的残疾人处理临时情况、喂饭穿衣,就可以将残疾人家属解放出来。因此,在养老机构和社区服务中心应培养专门针对残疾人的专业护理人员,了解残疾人的生理特点、理解残疾人的心理特点,为残疾人提供有别于家庭成员的专业化服务。

7.4.1.5　在优待上鼓励家庭成员参与

家庭对残疾人及其养老具有特殊的意义,家庭成员的积极支持与参与对提升残疾人生活质量有促进意义,还可以减轻家庭和国家的负担。因此,应当在一定范围内鼓励家庭成员的参与,并加强对残疾人家庭及其家庭照料者的政策支持。例如,通过就近住房优待政策鼓励子女与残疾人父母就近居住,尽到赡养服务的职责。

7.4.2　差异化政策

单纯的一种养老方式很难满足残疾人的现实需求,必须多种养老方式相结合。养老问题要以社区照料为依托,否则就是无本之源,难以持久;同时还要以机构养老为后盾,否则将会出现后继难以保证的局面。因此,强化以养老问题为基础的多种养老服务的发展是其中的重点。

7.4.2.1　对居家养老服务的支持

居家养老是主导模式,对于居家养老的支持,应从家庭环境的改善和家庭服务的加强两个角度进行,其主要特点是安全性和扶助性。

(1)居家养老从住房条件和环境设施角度进行改善。残疾人有优先选择楼层和根据需求进行无障碍设施改建的权利。

(2)加强家庭服务。对照料者提供经济补贴,社区提供喘息服务,对家庭成员进行培训和指导。

7.4.2.2　对社区照料服务的支持

社区照料是居家模式和机构模式之间的桥梁,社会照料支持政策应从方便残疾人、解决残疾人最关心的问题着手,其主要特点是综合性和便捷性。

(1)加强社区综合性养老服务机构的建设。社区照料避免了大量的老年残疾人居住在机构里,减轻了机构的入住负担;而且一些残疾人居住在自己家中、活动在社区中,有利于身心健康,避免机构中的不良影响,还能帮助残疾人适应社区生活。因此,在残疾人较多且经济条件较好的社区应考虑建设集入户服务、紧急救援、日间照料、医疗康复和精神文化活动为一体的社区养老服务机构。在条件不允许的社区,可优先考虑针对几类残疾人的日托和短期照料服务,如优先接收重度残疾人、精神残疾人和智力残疾人等,延长照料的时间。针对出门不便的残疾人,社区应当提供免费接送的服务。

(2)加强医疗与康复服务。仅仅依靠医疗救助和经济补贴不仅增加了政府的医疗费用支出,还难以深入解决人口老龄化和残疾化带来的问题,减少残疾的发生,却可以免除残疾人照料的负担和医疗的费用。社区应当广泛宣传、指导,积极救治,及时提供康复措施和辅助器具,将残疾和疾病带给老年人和残疾人的伤害降到最小。为老年残疾人提供优先就诊、优先出诊、优先建立家庭病床、优先提供辅助器具服务,提供身心保健、情绪和行为障碍的干预等康复办法,对贫困老年残疾人提供优先报销帮助。根据不同年龄对辅助器具的需求程度不同,及时了解需求并予以满足。

(3)加强社区内的无障碍建设。有些残疾人走得出家门走不出社区,但有些残疾程度更严重的走得出家门但走不进社区,也难以接受康复、医疗救助等养老助残服务。因此,至少应形成社区内部的无障碍环境,保证残疾人在社区内部出行的畅通和安全,不仅关注家门口的“最后一米”,也要关注家庭周围的“方圆百米”。

7.4.2.3　对机构托养服务的支持

居家养老并不适合所有的残疾人,适当的社区照料以及进入养老机构是十分必要的。当精神残疾、智力残疾出现养老困难时(在一定年纪,无人赡养)应由社区居委会出面统一送到相关的养老机构或者专门的医院进行养老。面对这些残疾人的支持政策主要体现为部分福利性和专业性。

(1)提高补贴水平。通过对接受残疾人的机构进行床位补贴的方式鼓励机构接受残疾人入住,也可根据接受残疾人的残疾程度区分不同的补贴标准。对于入住养老机构的残疾人来说,原来的养老助残补贴可以转化为一部分机构托养费用或服务费用,由机构统一领取和管理。残疾人需要经济补贴,是希望能有足够的资金去解决自己现在面临的问题,当这些问题被解决了,他们就不需要太多的钱了,如果有入住需求的老年人能够顺利入住托养机构,他们对经济补贴的需求也会降低。

(2)分类别的养老机构的建设。对需要养老的残疾人进行评估,结合自身或家人的养老意愿,引导残疾人进入不同类别的养老机构。一是生活扶助型的养老机构,招收有一定生活能力的残疾人;二是生活护理型的养老机构,招收有照料需求的残疾人;三是特别护理型养老机构,招收残疾程度较高,需要特殊照料的残疾人。

(3)专业型残疾人养老服务机构。一些残疾人对养老服务还有着特殊的需求,特别是精神残疾人和智力残疾人,不仅要满足养老的需求,还要进行安全的保证。因此可以有针对性地建立以智力残疾人和精神残疾人为重点服务对象,集服务、医疗、养老为一体的,提供专业化服务的残疾人托养服务机构。

7.4.3 个性化政策

在残疾人居家养老的需求满足上，特殊残疾人的特殊问题是其中的难点，需要有个性化的政策予以支持。

7.4.3.1 在养老问题上的轻重缓急

残疾人养老的问题也有轻重缓急。精神残疾人、智力残疾人、重度残疾人可以优先入住托养机构；老年视力残疾人可以优先获得免费视力复明手术；优先为有居家需求的独居老年残疾人提供管理服务。为轻度残疾人提供满足需求的多样性、个性化服务。

7.4.3.2 对老年残疾人的更多关注

对进入老年的残疾人予以更多关注。与老年残疾人相比，他们更处于弱势地位。致残时间越早，对残疾人的生活影响越大。儿童期、青少年期的残疾会影响残疾人的入学和深造，青年期和中年期的残疾会影响职业选择、婚姻恋爱和家庭组建，多重的弱势累积不仅在物质条件上使他们处于弱势地位，还使他们在照料资源的获取上处于缺失地位。

7.4.3.3 对特殊化需求的倾斜政策

重度残疾人应获得更多的经济补贴和康复补贴。对残疾儿童应从帮助提升自我生存能力入手，提早建立制度性安排。为无人照料的残疾人提供集中托养服务。一户多残家庭和老残一体家庭应获得更多的经济支持和服务。

第 8 章

结论与讨论

本研究使用2006年第二次全国残疾人抽样调查数据、2009年残疾人服务需求数据以及多次访谈资料，从残疾人服务的基本需求、养老方式选择、养老起始年龄、基本诉求、影响因素及运行机制、养老的问题与困境等多个方面对残疾人养老问题进行研究，并在分析现有政策的基础上结合国外的先进经验，提出了我国残疾人养老问题的支持政策。

8.1 主要结论

本研究以养老的文化理论为背景，强调了文化对养老方式的整体性作用。以需求层次理论为起点，分析残疾人在养老服务上的需求以及残疾人的养老目标，并尝试验证残疾人在养老需求是否存在层次和阶梯顺序；通过特殊需求理论分析残疾人的标识性诉求；在此基础上根据理性选择理论和集体选择最优化理论分析残疾人对养老方式的选择及运行机制中的相关问题；最后通过养老政策构建理论为残疾人养老问题的政策支持体系提

供理论支撑。

残疾人在养老起始年龄上不能与一般老年群体等同，其中，又以智力残疾人、精神残疾人和重度残疾人需要开始养老的时间较早、养老过程较为漫长。

数据分析显示，在养老服务的需求上，居家养老服务是残疾人最主要的需求；在具体服务内容上，扶助性和代偿性的服务需求量较大。访谈结果显示，在养老方式的选择上，居家养老最受残疾人青睐。残疾人对养老方式的选择是一个理性分析的过程，在养老场所选择上有家庭亲近的特征，家庭和机构是残疾人养老的两个主要场所；在经济支持的选择上有差序格局的特征，配偶和父母是最主要的照料提供者；在经济支持上有外拓的特征，多数残疾人希望采取“退休金 + 政府补贴”的经济支持形式；在精神支持的选择上有隐性内化的特征。整体而言，“居家养老 + 家人主导 + 政府补缺”构成大多数残疾人的主要选择，“机构养老 + 专业照料 + 政府补贴”构成特殊残疾人群体的主要选择。不同情况的残疾人表现出的心理特征有所差异。

残疾人对养老问题的心理诉求可以分为养老目标和标识性诉求。残疾人的养老目标通常可以归纳为生存保障型、质量需求型、精神满足型和自我实现型。这四类目标并非完全分离，而是在一定程度上相互整合的。生存保障型的需求和养老目标在所有残疾人中都有所体现，大部分残疾人对养老目标也只有这样一个需求。此外，因残障的原因，残疾人还对针对性扶助、经济性补贴、便利性设施以及和谐性人际有着一定的诉求。

多重因素影响了残疾人对养老方式的选择，其中，照料资源和经济状况是比较重要的影响因素。除此之外，残障程度、家庭住房、个体性格、模式效应等也会在一定程度上影响残疾人养老方式以及具体亚型的选择。残疾人在进行养老方式的选择时，各因素所起到的先后顺序和作用程度有所不同。在各种因素的影响下，残疾人的选择可能是主动选择，也可能是被动选择，选择了养老问题的残疾人并非完全出自心理诉求，还有可能是外界条件限制作用的结果。残疾人会根据现实情况不断调整自己对养老方式的选择，残疾人不断优化养老方式的最终结果是促进生活质量的提高。

残疾人养老方式选择的运行机制可以概括为一个中心、两种角色、三级理性、四层主体和五维特征。残疾人的诉求与行为都紧紧围绕"尽可能获得相对最大化的养老利益"这一目的而进行；老年人既是养老方式的选择主体，又是养老资源的接受客体；残疾人对养老方式的选择包括生存理性、经济理性和制度理性，这三种理性之间相互整合，并与养老目标相对应；残疾人养老的供给主体有四个，分别是家庭、社区、社会和国家；残疾人养老方式的选择体现为选择过程中的家庭整体性特征、对养老方式影响的经济条件刚性特征、照料中的子代与父代的非均衡性特征、残疾人对养老满意度的主体感知性特征、多级整合特征五个方面。

残疾人养老问题面临较多的困境和问题，总体看来，包括照料困境、医疗康复困境、经济保障困境、精神文化困境以及其他的个性化问题。这些问题多是由于供需不平衡造成的，且问题之间相互交织、具有连锁反应，造成了残疾人居家养老的风险。同时，如一户多残、老残一体、重度残疾的特殊残疾人和残疾人家庭面临着更为复杂和多样的养老挑战。解决这些问题需要统筹安排，促进各界力量的参与。

在对现有养老政策进行分析并总结已有经验的基础上，本研究认为，我国在进行残疾人居家养老支持政策体系的构建时，可以借鉴的经验包括提升理念、建立规范、重视文化和专业服务等几个方面。在政策构建时，本研究的思路涵盖三个阶段的政策目标、六个方面的政策原则、四个方面的相关注意问题。在此基础上构建出三层政策体系，包括针对所有残疾群体的均等化政策、针对不同养老方式的差异化政策以及针对特殊残疾人的倾斜性政策。

8.2 相关讨论

本研究的相关讨论包括对指导理论的验证，分析主要创新，研究存在的不足，并指出未来研究的方向。

8.2.1 关于差序格局理论

差序格局的基础是现代社会、工业化社会之前的传统乡土社会。就目前现代化和工业化的背景而言，残疾人的养老支持资源在一定程度上仍然遵循差序格局。在人际关系上，越是靠近血缘关系的，越容易被接纳而形成合作、亲密的人际关系；在社会支持中，关系越紧密，养老的责任越大，养老接受者的心理压力越小，对支持的期待性越强，因此配偶被看成义不容辞的养老责任第一人，而子女的作用在其次，当然亲属的关系更远一层，朋友、邻里更在这关系之外，社区作为生活的环境又远了一层，社会所提供的支持则更位于最外层。但是这种差序格局的前提是没有利益的介入，仅依靠情感的作用，当涉及利益的分配和经济交换时，原有的差序格局就会被打乱，人们或许更愿意通过经济交换而使差序格局中居于较远地位的人来提供服务。与此同时，养老的责任主体也由原来的家庭、宗族、国家扩展为家庭、社区、社会、国家。

8.2.2 关于需求层次理论

马斯洛的需求层次理论认为人的需求呈阶梯状分布，陈晌在其毕业论文中对这一理论进行了修正，认为老年残疾人的精神需求层次呈饼状，需求的内容是相互交织的。本研究认为，对于残疾人的养老需求而言，生存保障型的需求是所有残疾人的共同诉求，因为人的一切行为的前提是生命的存在，在衣食住行等基本生存需求没有满足之前，残疾人的确难以产生其他更高层次的需求。但是,当生存性需求得到满足后,其他的需求并非层次性的,而是具有可以逾越、舍弃和替代的。据此,本研究提出了需求层次的立体结构模型。在这一模型中,对于需求的划分并不遵循马斯洛的五个层次,而是将需求划分为生存保障的需求、提升生活质量的其他物质性需求、精神和情感满足的需求以及自我实现的需求。其中,生存保障型需求作为立体坐标轴的原点,必不可少,当这一原点不存在时,立体坐标轴以及由此构成的立体图形都不复存在;质量需求、精神和情感满足及自我实现分别是X、Y、Z轴上正方向上的一点,这些点距离原点的远近表明了需求的强烈程度,当距离为0时表明没有该类型的需求;这些点连同原点共同连接形成的立体图形(或平面图形)是残疾人在养老需求上的结构模型。这其中,精神和情感需求的满足可以在一定程度上替代其他的物质性需求,在图形上的表现形式,即适当延长精神满足在Y轴上的位置,可以缩短其他需求在X轴上距离原点的位置;但是物质性需求的满足并不会反过来替代精神需求的满足。

8.2.3　关于研究展望

一是由于缺乏有关养老方式的针对性数据,本研究使用残疾人服务需求数据。尽管助残服务与养老服务有一定的相通性,但毕竟二者不完全等同。本研究使用这一数据主要用于推断性的研究。在未来的研究中,如果能通过养老服务的数据进行分析,想必可以获得更精确的结果。二是访谈资料的优势在于能够提供深入而细致的材料,但是由于访谈残疾人存在着诸多困难,这些资料难免存在一定的遗憾。例如,智力残疾人、精神残疾人难以准确表述自己的观点,其他人员的代答并不能完全反映残疾人的真实情况;一些肢体残疾人、重度残疾人容易疲劳,对这样的人员进行访谈时,往往对一些问题还没有深入了解,就因身体状况而不得不结束访谈。因此,如何设计一套能够真正走入残疾人内心、获取真实材料的方法是未来研究需要突破的一个难点。三是本研究以北京市的残疾人为主要研究对象,一方面考虑到研究资料获取的便捷性,另一方面考虑到北京市作为首善之区的示范意义。尽管本研究通过对北京市残疾人的基本状况的分析指出了其具有较好的代表性,但不可否认的是,与西部地区、中小城市相比,北京市在残疾人的基本状况和养老方式选择上存在许多不同。在未来的研究中,如果能将研究的范围拓展到其他区域,会获得有关我国残疾人问题的更加丰富和全面的认识;同时通过地区间的对比性研究,或许会更加清晰地发现和验证文化在养老方式中的具体作用形式。

参考文献

[1]梅运彬．老年残疾人及其社会支持研究——以北京市为例[M]．武汉：武汉理工大学出版社，2010.

[2]张钧，郑小瑛．中国城乡老年健康及照料状况研究[J]．人口与发展，2010（6）：60－66.

[3]周月清．身心障碍者福利与家庭社会工作——理论、实务与研究[M]．台湾：五南图书出版公司，1998.

[4]朱力．脆弱群体与社会支持[J]．江苏科学，1995（6）：130－134.

[5]陈成文．社会弱者论：体制转换时期社会弱者的生活状况与社会支持[M]．北京：时事出版社，2000.

[6]程凯．第二次全国残疾人抽样调查数据分析报告[M]．北京：华夏出版社，2008.

[7]陈昫．我国老年残疾人的家庭长期照护体系研究——以北京市老年残疾人为例[J]．理论月刊，2011(9)：100－102.

[8]于凯．传统中国社会保障制度的历史渊源[J]．中南民族大学学报(人文社会科学版)，2004(4)：255－257.

[9]桂琰. 中国古代残疾人保障思想探析[J]. 残疾人研究, 2012 (1): 44 - 47.

[10]王卫平. 明清时期残疾人社会保障研究[J]. 江海学刊, 2004 (3): 135 - 140.

[11]相自成. 中国残疾人保护法律问题历史研究[D]. 中国政法大学, 2009.

[12]骆承烈. 中国古代孝道资料选编[M]. 济南: 山东大学出版社,2003.

[13]姚远. 老年残障对我国家庭养老功能变化的影响[J]. 人口研究, 1999(2): 58 - 68.

[14]姚远. 我国老年人群体的多标志特征及相关政策构建——基于北京市老年残疾人视角[J]. 人口与经济, 2009 (2): 70 - 74.

[15]王子仁. 上海市智障人士养老方式的研究[D]. 华东师范大学特殊教育学系, 2009.

[16]许琳, 张艳妮. 我国残疾人社会保障的现状与问题研究[J]. 西北大学学报(哲学社会科学版), 2007 (6): 80 - 84.

[17]许琳. 西部地区老年残疾人居家养老服务供需现状的实证研究——基于西安市的调查[J]. 社会保障研究, 2010 (2): 104 - 113.

[18]许琳. 残疾人社会保障与服务研究[M]. 北京:华夏出版社,2010.

[19]李文清. 农村老年残疾人的养老困境及对策——以山西为例[J]. 山西高等学校社会科学学报, 2011 (10): 23 - 27.

[20]米红, 杨贞贞. 老年残疾人居家养老服务补贴模式创新与实证研究[J]. 残疾人研究, 2011 (2): 17 - 21.

[21]刘宏义. 老年残疾人的养护和康复[G]//北京老年人口论文集, 北京: 北京燕山出版社, 1990.

[22]张敏杰. 农村高龄残疾女性生存状态调查[J]. 中国残疾人, 2010 (6): 56 - 57.

[23]付聪聪．城中村老年残疾人居家养老服务供需状况的调查研究——以郑州市 H 区为例[D]．广西师范大学法学院，2012.

[24]胡春菊．老年残疾病人的心理护理[J]．中国社区医师(综合版)，2007(2)：103.

[25]EUN－KYOUNG O L，MARK B. Stress Constellations and Coping Styles of Older Adults with Age－Related Visual Impairment[J]. Health and Social Work. 2006，31：289－299.

[26]OTHELIA E K，Mark B. Stress Constellations and Coping Styles of Older Adults with Age－Related Visual Impairment[J]. Health & Social Work (4):4.

[27]朱慧．老年残疾患者的心理康复护理[J]．中国疗养医学，2006(3)：214－215.

[28]郑晓瑛，孙喜斌，刘民．中国残疾预防对策研究[M]．北京：华夏出版社，2008.

[29]KHAW K T. Epidemiological Aspects of Aging，Philosophical Transaction：Biological Sciences[J]. Aging：Science Medicine and Society，1997，352(1363)：1829－2835.

[30]裴晓梅，麻凤利．中国发展长期机构看护及其社会影响的研究[J]．老龄问题研究，2004 (5) ：1－17.

[31]贾云竹．北京市城市老年人对社区助老服务的需求研究[J]．人口研究，2002(2)：44－48.

[32]UPSHUR C C. Developing respite care：A support service for families with disabled members[J]. Family Relations，1983，32 (1)：13－20.

[33]周元鹏，张抚秀．上海市社区居家养老服务发展的背景、需求趋势及思考[J]．人口与发展，2012 (2)：82－90.

[34]潘金洪．独生子女家庭养老风险研究[M]．北京：中国社会出版

社，2009.

[35]谢琼. 人口老龄化与老年残疾人保障体系的构建[J]. 中国人民大学学报，2008(1)：22-27.

[36]OZAWA M N，YEO Y H. The Effect of Disability on the Net Worth of Elderly People[J]. Journal of Aging & Social Policy，2007，19(4):21-38.

[37]KING S，TEPLICHY R，KING G，et al. Family-Centered Service for Children with Cerebral Palsy and Their Families：A Review of the Literature[J]. Seminars in Pediatric Neurology，2004，11(1):78-86.

[38]吕红平，张恺悌，李晓凤. 中国老幼残疾人与残疾人婚姻研究[J]. 北京：华夏出版社. 2008.

[39]HABER L D. Supplement：Work and Welfare，Social Planning for Disability[J]. The Journal of Human Resources，1973，8:33-55.

[40]成芳斌. 身体残疾，他们该如何养老？——残疾人的养老问题亟待重视[N]. 人民政协报，2012-05-28（B02）.

[41]张金锋. 老年残疾人社会保障研究[M]. 北京：世界图书出版公司，2012.

[42]李文杰. 人口老龄化与农村失能老人的长期供养[J]. 湖北经济学院学报(人文社会科学版)，2012（2）：70-71.

[43]杜鹏，尹尚菁. 中国老年人残疾与生活不能自理状况比较研究[J]. 残疾人研究，2011（2）：03-06.

[44]桂世勋. 中国残疾老人发展趋势及残疾状况研究[J]. 中国人口科学，1999(1)：27-31.

[45]DFID. Disabled，Poverty and Development. Department for International Development，2000.

[46]赵仲杰. 北京城区独生子女家庭的养老问题研究[M]. 北京：知识产权出版社，2012.

[47]王静，吴明．北京市某城区居家失能老年人长期护理方式选择的影响因素分析[J]．中国全科医学，2008(12)：2157－2160.

[48]顾大男，柳玉芝．我国机构养老老人与居家养老老人健康状况和死亡风险比较研究[J]．人口研究，2006（4）：49－56.

[49]徐勤，汤哲．我国长期护理的现状与趋势[J]．人口与经济，2007(2)：6－12.

[50]陈传锋，金一波，汪莹，等．家庭居住与机构居住老年人社会支持的比较研究[J]．心理与行为研究，2008(6)：23－29.

[51]崔丽娟，王小慧．子女对父母养老的忧虑与养老方式的选择[J]．中国老年学杂志，1999（11)：321－323.

[52]徐祖荣．人口老龄化与城市社区照顾模式探析[J]．中国井冈山干部学院学报，2008(2)：25－29.

[53]张玉梅，冯正仪，夏海鸥，等．残疾人对社区护理需求的调查[J]．上海护理，2002(2)：1－3.

[54]李宗华，龚晓洁，丛晓峰．关于残疾人社区康复与社会支持状况的调查分析[J]．山东社会科学，2003(1)：149－152.

[55]陈喜强，刘婵婵．社区残疾人保障的现状分析与政策建议[J]．公共管理学报，2004(4)：73－77.

[56]谈志林．残疾人社会保障问题研究[G]//王利明，马玉娥，安守廉．残疾人法律保障机制研究[M]．北京：华夏出版社，2008.

[57]黎建飞．中国残疾人社会保障法制建设的现状、问题与发展[J]．河南省政法管理干部学院学报，2007(3)：45－49.

[58] KATZ S J. Gender Disparities in the Receipt of Home Care for Elderly People with Disability in the United States [J]. JAMA, 2000, 284 (23):3022.

[59]翟德华，陶立群．居家养老与机构养老选择决策模型理论研究[J].

市场与人口分析，2005(增刊)：63－64.

[60]MCFALL M S. The Effect of Caregiver's Burden on Change in Frail Older Persons' Use of Formal Helpers[J]. Journal of Health and Social Behavior, 1991, 32(2):165－179.

[61]蒋岳祥，斯雯．老年人对社会照顾方式偏好的影响因素分析——以浙江省为例[J]．人口与经济，2006(3)：9－12.

[62]廖晓春．养老院高龄老人生活质量影响因素及护理对策[J]．中国老年学杂志，2000(23)：2340－2342.

[63]GOLDIE K. Home Health Care Utilization：A Review of the Research for Social Work，[J]. Health & Social Work (3):3.

[64]WOLINSKY F D, COE R M, MILLER D K, et al. Health services utilization among the noninstitutionalized elderly[J]. Journal of Health & Social Behavior, 1983, 24(4):325－337.

[65]MELANIE L, TOBIAS L, SIEGFRIED W, et al. Prediction of institutionalization in the elderly, A systematic review[J]. Age and Ageing, 2010 (1)：31－38.

[66]MCFALL M S. The Effect of Caregiver's Burden on Change in Frail Older Persons' Use of Formal Helpers[J]. Journal of Health and Social Behavior, 1991, 32(2):165－179.

[67]林晓嵩．健康管理在我国人口老龄化进程中的作用[J]．中国全科医学，2006(21)：1748－1750.

[68]CRIST J D. The meaning for elders of receiving family care[J]. Journal of Advanced Nursing, 2005, 49(5):485－493.

[69]丁煜，叶文振．城市老人对非家庭养老方式的态度及其影响因素[J]．人口学刊，2001(2)：12－17.

[70]李若建．不同职业背景老年人生活及养老模式的选择[J]．人口研

究, 1999(3):61 -64.

[71]刘晶. 城市社区生活不能自理老人居家养老生活质量评估指标体系探索[J]. 人口学刊, 2006(1): 22 -27.

[72]潘剑锋. 传统孝道与中国农村养老的价值研究[M]. 长沙: 湖南大学出版社, 2007.

[73]党俊武. 中国城镇长期照料服务体系研究[D]. 南开大学, 2007.

[74]桂世勋. 构建广义的老年人照料体系——以上海为例[J]. 人口与发展, 2008(3): 78 -83.

[75]王维达, 童林. 老年人照顾体系的建立及其法律完善[J]. 同济大学学报(社会科学版), 2005(2):103 -107.

[76]戴卫东. 我国重度残疾老年人状况及其社会保障[J]. 中国卫生事业管理, 2010(3):165 -158.

[77]周沛. 残疾人社会福利体系研究[J]. 江苏社会科学, 2010(5): 27 -32.

[78]杨立雄. 中国残疾人托养服务标准化研究[J]. 残疾人研究, 2011(4):19 25.

[79]贾玉娇, 宋宝安. 农村重度残疾人社会保障问题分析——基于吉林省十县(市、区)的调查[J]. 华南农业大学学报(社会科学版), 2011(2):76 -81.

[80]黄耀明, 陈景亮, 陈莹. 人口老龄化与机构养老方式研究[M]. 长春: 吉林大学出版社, 2012.

[81]张旭升, 牟来娣. "居家养老"理论与实践[J]. 西北人口, 2010(6): 25 -28.

[82]魏彦彦. 中国特色养老方式研究[M]. 北京: 中国社会出版社, 2010.

[83]SMITH J N. Community Responsibility for the Disabled[J]. The ANNALS of the American Academy of Political and Social Science, 1945, 239(1):

87 -92.

[84]李迎生. 社会工作概论[M]. 北京：中国人民大学出版社，2004.

[85]朱力. 对我国残疾人事业的基本判断与若干建议[G]//残疾人社会保障研究,广州：广东人民出版社，2004.

[86]兰花. 我国残疾人社会福利制度重构研究——从救助模式到“去障碍”模式[D]. 南开大学周恩来政府管理学院，2008.

[87]蒲新微. 分层保障：探索有中国特色养老保障模式的新思路[J]. 学习与探索，2009(4):47 -48.

[88]姚远. 中国家庭养老研究[M]. 北京：中国人口出版社，2001.

[89]珍妮·凯斯. 文化背景下的照顾：人类学的质疑[G]//世界家庭养老探析. 北京:中国劳动出版社,1996.

[90]周长城. 经济社会学发展的三个阶段[J]. 国外社会科学，1995(12):50 -55.

[91]RITZER G. Sociology Theory. New York：McGraw Hill Companies,1996.

[92]文军. 从生存理性到社会理性选择：当代中国农民外出就业动因的社会学分析[J]. 社会学研究，2001(6):19 -30.

[93]刘金源. 农民的生存伦理分析[J]. 中国农村观察，2001(6):50 -53.

[94]熊波，石人炳. 农民工永久性迁移意愿影响因素分析——以理性选择理论为视角[J]. 人口与发展，2009(2):20 -26.

[95]刘军伟. 基于理性选择理论的农民工参加新型农村养老保险制度影响因素研究[J]. 浙江社会科学，2011(4):77 -83.

[96]刘少杰[J]. 经济社会学的新视野:理性选择与感性选择，北京：社会科学文献出版社，2005.

[97]姚远. 变化中的老年人养老方式的选择[J]. 南方人口，1999(2):34 -38.

[98]埃利诺·奥斯特罗姆著，石美静，熊万胜译．集体行动如何可能?[J]．华东理工大学学报(社会科学版)，2010(2):1－30.

[99]姚远．非正式支持的理论与实践[M]．北京：知识产权出版社，2005.

[100]行红芳．老年人的社会支持系统与需求满足[J]．中州学刊，2006(3):120－123.

[101]费孝通．乡土中国生育制度[M]．北京：北京大学出版社，1998.

[102]林燕，伍小兰，张岭泉，等．老龄理论手册[J]．北京：中国人口出版社，2006.

[103]郑晓瑛，陈三军．中国肢体残疾人口预期寿命研究[J]．中华流行病学杂志，2011(7)：693－696.

[104]BIGBY C. Ageing with a lifelong disability. A guide to Practice，Program and Policy issues for human services Professionals. London：Jessica Kingsley Publishers，2004.

[105]孔祥智，谭智心．北京市农村残疾人对医疗服务需求意愿的影响因素分析[J]．卫生经济研究，2009(12):23－27.

[106]董红亚．中国政府养老服务发展历程及经验启示[J]．人口与发展，2010(5)：84－87.

[107]郭竞成．居家养老模式的国际比较与借鉴[J]．社会保障研究，2010(1):29－39.

[108]顾丽梅．英、美、新加坡公共服务模式比较研究——理论、模式及其变迁[J]．浙江学刊，2008 (5):107－112.

[109]陈成文，孙秀兰．社区老年服务：英、美、日三国的实践模式及其启示[J]．社会主义研究，2010 (1)：116－120.

[110][英]苏珊·特斯特．老年人社区照顾的跨国比较[M]．北京：中国社会出版社，2002：17－18.

[111]祁峰．英国的社区照顾及启示[J]．西北人口，2010 (6)：20－28

[112]赵金库，赵志国．瑞典养老服务的做法及启示[J]．人口与计划生育，2009（2）：23－24.

[113]吴洪彪．瑞士、美国、加拿大养老服务业考察报告[EB/OL]．[2012－09－14]．http://www.shehuiwang.cn/2012/learning_0914/3457.html

[114]邓朴方．人道主义的呼唤[M]．北京：华夏出版社，2006.

[115]全国老龄工作委员会办公室．全国居家养老服务理论与实践[M]．北京：华龄出版社，2008.

[116]赵春鸾．北京市第二次全国残疾人调查课题研究论文集[M]．北京：华夏出版社，2008.

[117]程凯．试析我国残疾人的社会保障问题[J]，红旗文稿，2006(7)：23－25.

[118]穆光宗，姚远．探索中国特色的综合解决老龄问题的未来之路——"全国家庭养老与社会化养老服务研讨会"纪要[J]．人口与经济，1999(2)：58－64.

[119]穆光宗．中国传统养老方式的变革和展望[J]．中国人民大学学报，2000(5)：39－44.

[120]陈军．居家养老：城市养老模式的选择[J]．社会，2001(9)：22－24.

[121]陈赛权．中国养老模式研究综述[J]．人口学刊，2000(3)：30－36.

[122]崔丽娟，韩海萍．养老院支持与养老院老年人生活满意度的相关性研究[J]．中国老年学杂志，2002(5)：161－163.

[123]高圆圆．对精神残疾群体回归社会的思考[J]．黑龙江社会科学，2009(5)：168－171.

[124]龚静怡．居家养老——社区养老服务：符合中国国情的城镇养老方式[J]．河海大学学报(哲学社会科学版)，2004(4)：72－74.

[125]郭继．农村发达地区中青年女性的养老意愿与养老方式——以浙江

省为例[J]. 人口与经济，2002(6)：32－37.

[126]黄高伟. 社区照顾在残疾人社会保障中的运用[J]. 社会工作下半月(理论)，2009(4)：43－45.

[127]贾雪华. 北京市空巢老人养老需求与养老方式实证研究——以朝阳区为例[D]. 首都经济贸易大学，2009.

[128]贾玉娇，宋宝安. 中国老年残疾人服务政策的回顾与展望[J]. 残疾人研究，2011(4)：57－62.

[129]罗拾平. 对长沙市社区居家养老服务的实证研究[J]. 四川行政学院学报，2010(6)：97－100.

[130]毛满长. 西北地区社区居家养老：功能、限度与完善——以兰州西北新村社区为个案[J]. 宁夏社会科学，2009(2)：59－63.

[131]彭艳芳. 国内城市居家养老的研究综述[J]. 社会工作，2010(3)：11－13.

[132]赵丽宏. 城市居家养老生活照料体系研究[J]. 学术交流，2007(10)：123－125.

[133]唐咏. 居家养老的国内外研究回顾[J]. 社会工作，2007(2)：12－14.

[134]王法雯. 农村残疾人社会保障机制的缺失与重建[D]. 中国人民大学，2007.

[135]王锦成. 居家养老：中国城镇老人的必然选择[J]. 人口学刊，2000(4)：19－22.

[136]王静，吴明. 北京市某城区居家失能老年人长期护理方式选择的影响因素分析[J]. 中国全科医学，2008(12)：2157－2160.

[137]王雪梅. 残疾人就业问题与就业保障政策思考[J]. 北京行政学院学报，2006(2)：67－70.

[138]王羊玲，王苏莹，朱嘉妤，等. 关于残疾人的出行心理及针对其出

行的心理调适[J]. 科教导刊, 2011 (5): 171 - 172.

[139]王玉环, 刘艳慧. 新疆石河子市失能老年人养老模式选择及影响因素[J]. 中国老年学杂志, 2011(22): 3351 - 3352.

[140]杨春华. 城市社区居家养老的困境和出路[J]. 前沿, 2009(8): 161 - 163.

[141]于潇. 公共机构养老发展分析[J]. 人口学刊, 2001(6): 28 - 31.

[142]袁辑辉. 养老的理论和实践[J]. 中国老年学杂志, 1996(10): 300 - 303.

附录　部分访谈残疾人基本资料

案例1:QW,女, 1922年出生,丧偶。视力残疾,残疾等级不详。独居。

案例2:QR,男,1952年出生,已婚。肢体残疾,四级。与配偶同住,一户多残。

案例3:QT,女,1953年出生,已婚。肢体残疾,四级。与配偶同住,一户多残。

案例4:QAZ,女,1976年出生,未婚。精神残疾,一级。与父母同住,重残户。

案例5:QJY,男,1938年出生,丧偶。肢体残疾,三级。独居,老残一体户。

案例6:QCY,女,1957年出生,离异。视力残疾,一级。独居。

案例7:QTZ,男,1960年出生,丧偶。肢体残疾,四级,1961年因病致残。与父母、女儿同住,老残一体户,低保户。

案例8:QLZ,男,1951年出生,已婚。肢体残疾,四级。与配偶同住,老残一体户。

案例9:QYX,男,1953年出生,离异。精神残疾,一级。独居,重残。

案例10:QLY,女,1934年出生,丧偶。视力残疾,一级。与儿子、儿媳同住,儿子是植物人,一户多残,老养残家庭。

案例11:QWY,女,1959年出生,已婚。智力残疾,二级。与丈夫、儿子同住。

案例12:QCY,女,1942年出生,已婚。视力残疾,一级,多重残疾。与丈夫、儿子、儿媳、孙子、孙女同住,多代户、老残一体户。

案例13:QJW,男,1952年出生,已婚。听力残疾,二级。与母亲、妻子同住。

案例14:QBH,女,1966年出生,未婚。智力残疾,二级。与父母同住,重残。

案例15:QXC,女,1968年出生,未婚。智力残疾,三级,多重残疾。重残户,老残一体户。

案例16:QLQ,女,1954年出生,已婚。肢体残疾,二级,多重残疾。重残户。

案例17:QFL,女,1960年出生,已婚。肢体残疾,二级。重残户,一户多残户。

案例18:QYM,女,1962年出生,离异。肢体残疾,二级。重残户,一户多残户,老残一体户。

案例19:QXM,女,1964年出生,已婚。精神残疾,二级。重残户,老残一体户。

案例20:QDL,女,1957年出生,已婚。智力残疾,二级。重残户。

案例21:QQJ,男,1963年出生,未婚。智力残疾,一级。重残户,老残一体户。

案例22:QYC,男,1976年出生,未婚。肢体残疾,一级,多重残疾,智力残疾,语言残疾。多重残疾,重残户,一户多残户,老残一体户。

案例23:QGN,男,1982年出生,未婚。肢体残疾,一级。重残户。

案例 24:QRB,男,1969 年出生,未婚。智力残疾,二级,多重残疾,听力残疾、语言残疾。重残户,老残一体户,一户多残户。

案例 25:QDX,女,1967 年出生,未婚。智力残疾,二级,多重残疾,视力残疾。重残户,老残一体户。

案例 26:QGR,女,1962 年出生,离异。精神残疾,二级。重残户,单亲残疾户。

案例 27:QDD,男,1962 年出生,已婚,与配偶同住。肢体残疾,二级。重残户。

案例 28:QFS,男,1946 年出生,已婚,与配偶同住。视力残疾,一级。双残户,老残一体户。

后 记

我是一个幸运的人，在成长之路上，总是有良师益友的帮助和指导。这几万字，凝结着太多的关心和关爱，需要回报以太多的感慨和感谢。感谢我的博士导师姚远教授，引领我进入残疾人研究的领域，他谦厚的品格、严谨的学风深深地影响着我。感谢中国残疾人联合会和北京市残联，以及各位课题组成员在研究过程中积累下的宝贵数据和资料。感谢杜鹏教授提供这次出版的机会，感谢中国人口出版社的何军等各位编辑老师耐心细致的工作。感谢此前的研究者，为我的研究提供了坚实的基础、丰富的灵感和方法。感谢参加我访谈的残疾人朋友，他们乐观自强的生活态度在每一个暗夜激励着我。还有每一位在我低落时给予鼓励、在散漫时给予鞭策的朋友们，在此，均致以最衷心的感谢。

写作是一门遗憾的艺术。毫无疑问，由于我个人能力有限，这本出版物中还有很多不尽如人意的地方，难免挂一漏万，需要各位研究者的批评和指正。虽然，这是写在结尾的话，但这不是结束，是又一个开始。我会继续努力，在求索的路上永不停歇。